Gero Tacke

Das 10-Minuten-Rechtschreibtraining 2

Programm zur Steigerung der Rechtschreibkompetenz
ab Klasse 3

Aufbaukurs –
Kopiervorlagen
mit Erläuterungen

Der Autor des vorliegenden Programms, Dr. Gero Tacke, hat im Rahmen seiner Tätigkeit als Schulpsychologe eine Vielzahl von Übungsmaterialien zur Lese- und Rechtschreibförderung entwickelt und veröffentlicht. Informationen zu seinen Arbeiten finden sich im Internet unter: www.leserechtschreibfoerderung.de

3. Auflage 2020
© Auer Verlag
AAP Lehrerwelt GmbH, Augsburg
Alle Rechte vorbehalten
Das Werk und seine Teile sind urheberrechtlich geschützt. Jede Nutzung in anderen als den gesetzlich zugelassenen Fällen bedarf der vorherigen schriftlichen Einwilligung des Verlages. Hinweis zu § 52 a UrhG: Weder das Werk noch seine Teile dürfen ohne eine solche Einwilligung eingescannt und in ein Netzwerk eingestellt werden. Dies gilt auch für Intranets von Schulen und sonstigen Bildungseinrichtungen.
Illustrationen: Stefanie Aufmuth
Satz: Fotosatz H. Buck, Kumhausen
Druck und Bindung: Franz X. Stückle Druck und Verlag, Ettenheim
ISBN 978-3-403-04896-1

www.auer-verlag.de

Was ist das Besondere am Programm *Das 10-Minuten-Rechtschreibtraining – Aufbaukurs?*

Die Verbesserung der Rechtschreibung ist eine mühsame und oft langwierige Aufgabe, in die Schüler wie Lehrer und Eltern viel Energie und Geduld investieren müssen. Erfolge werden oft erst nach einiger Zeit des regelmäßigen Übens sichtbar. Für die Motivation der Schüler ist es aber wichtig, dass sie auch kurzfristige Erfolge sehen können. Deswegen setzt *Das 10-Minuten-Rechtschreibtraining* an zwei Punkten an:

- Konzentration auf zentrale Rechtschreibprobleme,
- Übungen, bei denen in kurzer Zeit viel gelernt wird.

Im ersten Kapitel des vorliegenden Aufbaukurses wird eine Methode eingeübt, die sich in vielen wissenschaftlichen Studien[1] als sehr wirksam erwiesen hat. Es handelt sich um das silbierende Mitsprechen. Die Schüler lernen beim Schreiben langsam mitzusprechen. Dabei schreiben sie jeweils den Buchstaben, den sie gerade sprechen. Beim Sprechen und damit auch beim Schreiben legen sie bei den Silben Pausen ein. Durch das silbierende Mitsprechen wird das Schreiben sehr viel besser gesteuert, als wenn die Schüler einfach drauflos schreiben. Fehler – vor allem bei der Verdopplung von Mitlauten – können auf diese Weise vermieden werden.

Im zweiten Kapitel werden weitere 200 häufig vorkommende Fehlerwörter eingeübt. Nach der im Grundkurs bereits erwähnten Untersuchung von Menzel[2] machen diese Wörter weitere 10 Prozent aller Rechtschreibfehler aus. Damit ergibt sich folgende Situation:

Im Grundkurs

- werden durch das Wörtertraining 20 Prozent aller Rechtschreibfehler abgedeckt;
- werden darüber hinaus durch das Einüben der Groß- und Kleinschreibung weitere 25 Prozent aller Fehler behandelt.

Im Aufbaukurs

- wird die Steuerung des Schreibens verbessert, wodurch sich die Rechtschreibleistung allgemein steigert, vor allem bei Wörtern mit doppelten Mitlauten; diese Fehlerart macht allein ca. 10 Prozent aller Rechtschreibfehler aus;
- werden durch die Fortführung des Wörtertrainings weitere 10 Prozent aller Fehler abgedeckt und durch das vertiefende Einüben der Groß- und Kleinschreibung die Erfolge des Grundkurses gesichert;
- wird das Rechtschreibproblem *das/dass* durchgenommen, auf das ebenfalls 10 Prozent aller Fehler entfallen.

Der Titel *Das 10-Minuten-Rechtschreibtraining* bezieht sich vor allem auf die Phase nach dem Durcharbeiten des Programms, d. h. während Sie das Programm durchnehmen, können Sie durchaus eine ganze Schulstunde damit verbringen. Nach dem Durcharbeiten des Programms ist es hilfreich und sinnvoll, das Gelernte in 10-Minuten-Sequenzen weiterhin zu vertiefen.

Parallel zum vorliegenden Band gibt es ein Übungsheft mit einer Rechtschreibkartei für zu Hause. Es enthält die gleichen Übungsinhalte, aber andere Übungsarten (Bestell-Nr. **04897**).

---

1 Tacke, G.: Die Wirksamkeit von Trainingsprogrammen und Übungen zur Förderung der Rechtschreibung: wissenschaftliche Studien und praktische Erfahrungen. In: G. Schulte-Körne (Hg.): Legasthenie und Dyskalkulie in Wissenschaft, Schule und Gesellschaft. Bochum, 2007
Weber, J. M./Marx, P./Schneider, W.: Profitieren Legastheniker und allgemein lese-rechtschreib-schwache Kinder in unterschiedlichem Ausmaß von einem Rechtschreibtraining? Psychologie in Erziehung und Unterricht, 59, 56–70. München, 2002
2 Menzel, W.: Rechtschreibunterricht. Praxis und Theorie. Seelze, 1985

Inhaltsverzeichnis

Schülerarbeitsblätter

1. Das silbierende Mitsprechen 5
   Wörter in Silben zerlegen 5
   Mitlautverdopplung 7
   Beim Schreiben in Silben mitsprechen 8
   Wörter mit *tz* 13
   Wörter mit *ck* 14
   Wörter umformen 15
   Wörter mit *d/t, g/k, b/p* 20

2. Einüben der nächsten 200 häufigsten Fehlerwörter 23
   Wort 101 bis 125 23
   Wort 126 bis 150 29
   Wort 151 bis 175 36
   Wort 176 bis 200 42
   Wort 201 bis 225 48
   Wort 226 bis 250 54
   Wort 251 bis 275 60
   Wort 276 bis 300 66

3. Groß- und Kleinschreibung 72
   Verben (Tunwörter) werden zu Nomen (Namenwörtern) 72
   Adjektive (Wiewörter) werden zu Nomen (Namenwörtern) 76

4. *das/dass* 81

Anmerkungen für den Unterricht

1.   Das silbierende Mitsprechen 83
1.1   Wörter in Silben zerlegen 83
1.2   Mitlautverdopplung 85
1.3   Beim Schreiben in Silben mitsprechen 86
1.4   Wörter mit *tz* 89
1.5   Wörter mit *ck* 90
1.6   Wörter umformen 91
1.7   Wörter mit *d/t, g/k, b/p* 95

2.   Einüben der nächsten 200 häufigsten Fehlerwörter 98

3.   Groß- und Kleinschreibung 115
3.1   Substantivierung von Verben 115
3.2   Substantivierung von Adjektiven 118

4.   *das/dass* 121

Anhang

Rückmeldeblatt: Meine Leistungsverbesserung 122
Alphabetische Wörterliste der 200 Fehlerwörter 123

Name: 1. Das silbierende Mitsprechen

Wörter in Silben zerlegen

Übung 1   Wörter in Silben lesen

So fa, zu hö ren, Wun der, un ter schei den, Tul pe, stau big,

Ro del bahn, Vor na me, Schnei der, weg wer fen, Pu der do se,

Pfei fe, Ne ben stra ße, lü gen, mit ein an der, Mau rer meis ter,

Li ne al, Pflau men baum zwei ge, Ku gel schrei ber, wün schen,

Kon di to rei, Ge bäu de rei ni gung, Gur ken sa lat, auf he ben

Übung 2   Wörter in Silben lesen und dabei Bögen unter die Silben malen

Beispiel: Geschwindigkeit

zielen, Würfel, verbieten, loben,

Tafelkreide, schneiden, aufräumen,

Marmelade, laufen, verdienen,

heiraten, Regenbogen, Gegenteil,

Möbelwagen, erhalten, Minute,

einschlafen, aufgehoben, Banane

Übung 3   Ein Rätsel

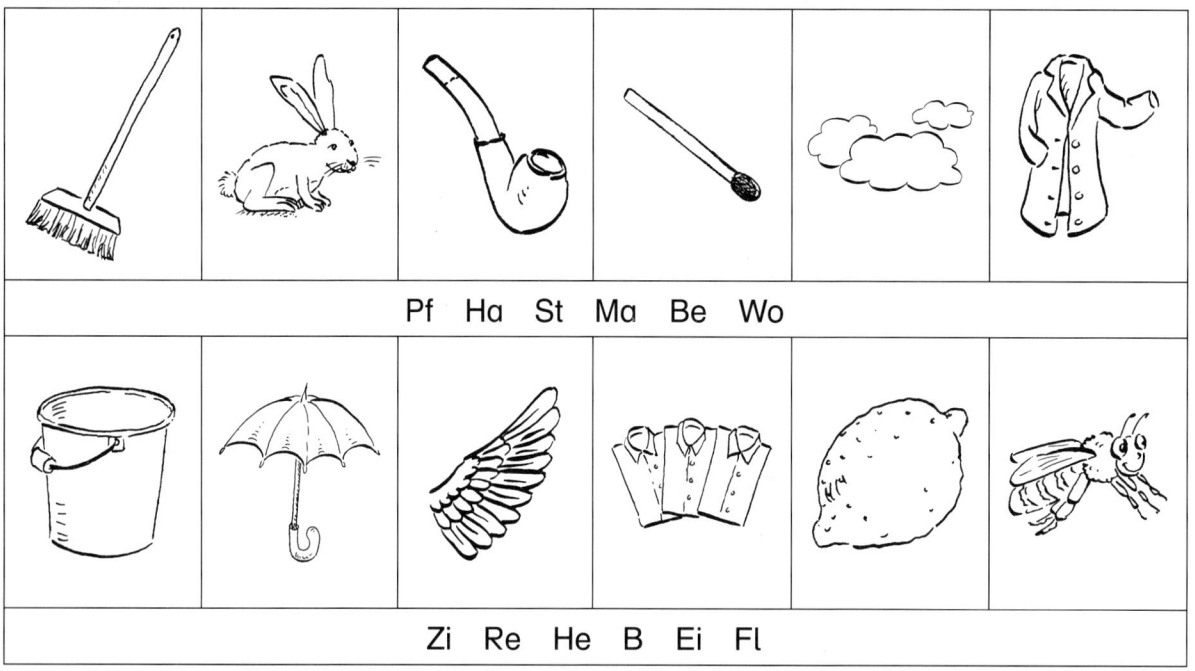

Pf   Ha   St   Ma   Be   Wo

Zi   Re   He   B   Ei   Fl

Übung 4   In Silben lesen und dabei Bögen unter die Silben malen

Beispiel: Ich habe mein Geld verloren.

1. Die Kinder sind nach Hause gelaufen.

2. Die Werkzeuge befinden sich im Garten.

3. Wir fliegen mit einem Flugzeug nach Polen.

4. Sie möchte noch die Blumen gießen.

5. Ich habe meine besten Freunde eingeladen.

Mitlautverdopplung

Übung 1 In Silben lesen und dabei Bögen unter die Silben malen

Beispiel: fallen

immer, Briefkasten, erkennen, aufschreiben, Feldwege, fleißig, treffen, besorgen, Gelegenheit, Kellertür, festhalten, aufheben, Hausaufgabenheft, Gruppe, Hilfe, Salatschüssel, eingeladen, Prüfung, aufsammeln, Soldat, einsparen, Haltestelle, Telefonhörer, Stunde, tausend, zerteilen, Radiergummi

Übung 2 Ein Rätsel: Die richtigen Wörter finden

Ei Pau Ab Ho	sen	brot der bahn trä	ger

Le Sil Sau Schlau	ber	berg ger keit wurst	werk

Beim Schreiben in Silben mitsprechen

Übung 1 In Silben lesen und dabei Bögen unter die Silben malen

1. In seinem Regenmantel waren ganz viele Löcher.
2. Auf dem Boden lagen grüne Tannennadeln.
3. Neben dem Haus standen sieben Pflaumenbäume.
4. Sie schleppen eine schwere Tasche.
5. In der Scheune werden Kartoffeln gelagert.
6. Seine Mutter ging in die Küche und holte einen riesigen Kuchen.
7. Sie mischen Gewürze in den Brotteig.

Übung 2 Ein Rätsel

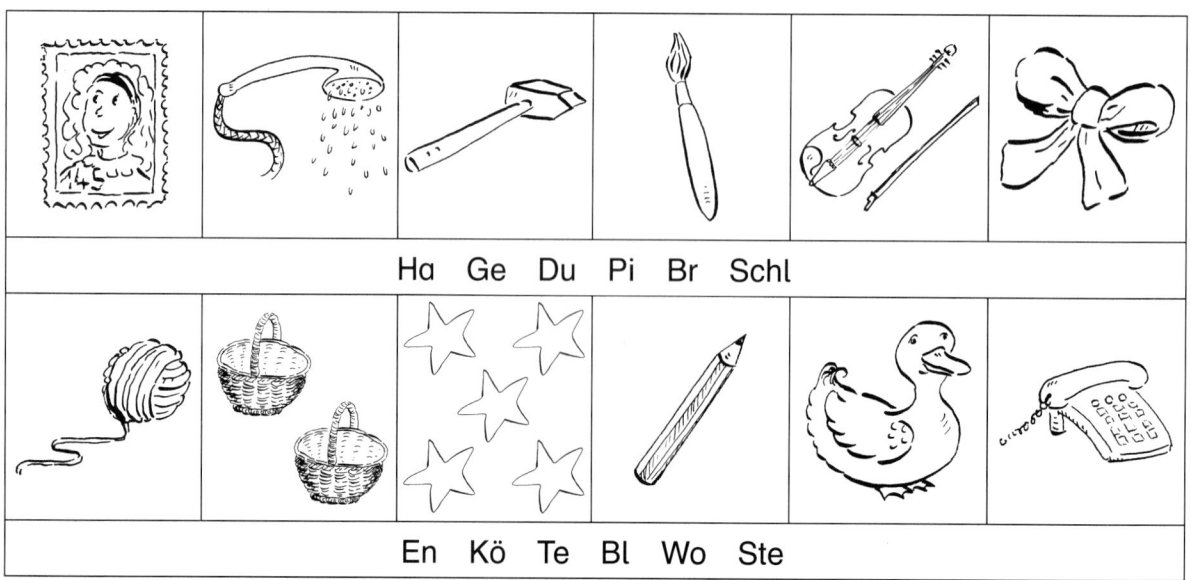

Ha Ge Du Pi Br Schl

En Kö Te Bl Wo Ste

Name: 1. Das silbierende Mitsprechen

Übung 3 In Silben lesen und dabei Bögen unter die Silben malen

1. Die Sahne ist ziemlich teuer.

2. Wir müssen das Feuer in der Küche löschen.

3. Der Bauer ist mit der Eisenbahn in die große Stadt gefahren.

4. Die Kinder werfen sich Bälle zu und schreien laut.

5. Es ist gefährlich, auf der Straße zu spielen.

6. Die Drosseln bauen ein Nest.

7. Die Mädchen freuen sich auf einen Besuch im Zoo.

Name: 1. Das silbierende Mitsprechen

Übung 4 Wörter finden

1. Im Winter können wir Schl __ n fahren.
2. Er hat eine Schwester und einen Br __ er.
3. An der Hand hat man vier Finger und einen Da __ n.
4. Wenn man etwas nicht mehr weiß, hat man es ver __ e __ n.
5. Mit einem La __ n kannst du die Tafel abwischen.
6. In der Pause sind die Schüler auf dem Sch __ h __ f.
7. Eine St __ e hat sechzig Minuten.
8. Bei einem Ge __ i __ r regnet, blitzt und donnert es.
9. Die Zahl Ta __ s __ d hat drei Nullen.
10. In einer Pf __ e kann man Fleisch braten.
11. Bei einem Auto kommt das Gepäck in den Ko __ e __ um.
12. Was wir gegessen haben, wird im M __ en verdaut.
13. Blumen, Gräser und Bäume sind Pfl __ n.
14. Bäume haben unter der Erde eine W __ el.
15. Die vier Jahreszeiten sind: Frühling, So __ r, Herbst und Winter.
16. Mit einem Scha __ t __ r knipst man das Licht an.
17. Die Suppe isst man mit einem Lö __ l.

Übung 4

Schülerarbeitsblätter

1. Das silbierende Mitsprechen

Übung 5   Ein Rätsel: Die richtigen Wörter finden

Ma Kel Küh ver	ler	hau nen trep meis	pe be ter

Ta Wür Ap Büf	fel	spiel krei baum käl	ber de

Übung 6   In Silben lesen und dabei Bögen unter die Silben malen

1. Nach dem Gewitter gingen wir auf die Straße.

2. Im Kofferraum lagen meine Spielsachen und Kinderbücher.

3. Er legte seinen Arm auf die breite Sessellehne.

4. Die Schmetterlinge tanzen um die Blüten herum.

5. Sie wollen die Spiele beenden.

6. Die neuen Kleider sehen sehr komisch aus.

7. Ich brauche einen neuen Mantel und neue Schuhe.

| Name: | 1. Das silbierende Mitsprechen |

Übung 7   Silbenrätsel

Tank – Kü – De – stel – Dau – Pup –
che – pe – zem – ber – le – men

Übung 8   In Silben lesen und dabei Bögen unter die Silben malen.
Achtung! Wörter mit *sp* und *st*.

1. Silke betrachtete sich in einem großen Spiegel.

2. Zur Strafe müssen die Diebe für zwei Jahre ins Gefängnis.

3. Die Vögel bauen sich ein Nest.

4. Die Möbel in der alten Wohnung waren ganz staubig.

5. Er hatte den Garten mit einem Spaten umgegraben.

6. Meine Mutter hat mir versprochen, mit mir schwimmen zu gehen.

7. Im Gasthaus bestellen wir uns einen Gänsebraten mit Rotkohl.

8. Sie fahren mit der Straßenbahn in den Zoo.

Wörter mit *tz*

Übung 1   In Silben lesen

1. Die Schüler sitzen auf ihren Stühlen.
2. Kevin hat eine neue Mütze geschenkt bekommen.
3. Wir sollen uns vor der Sonne schützen.
4. Sie wischen die schmutzigen Tische ab.
5. Das Mädchen hat eine spitze Nase.
6. Wir müssen unsere Freunde unterstützen.
7. Sie essen gerne Schnitzel und Kartoffelsalat.

Übung 2   Wörter finden

1. Im Wald können wir Pilze und Beeren sa _____ ln.
2. Wenn es sehr heiß ist, schw _____ n wir.
3. Zum Malen braucht man einen Pi _____ el.
4. Im Unterricht si _____ n die Schüler in ihrem Kla _____ enzi _____ er.
5. Wenn wir müde sind, müssen wir schl _____ en.
6. Beim Kochen bindet man sich eine Schü _____ e um.
7. Tee trinkt man aus einer Ta _____ e.
8. Meine Mu _____ r und mein Vater sind meine El _____ n.

Übung 3   Ein Rätsel

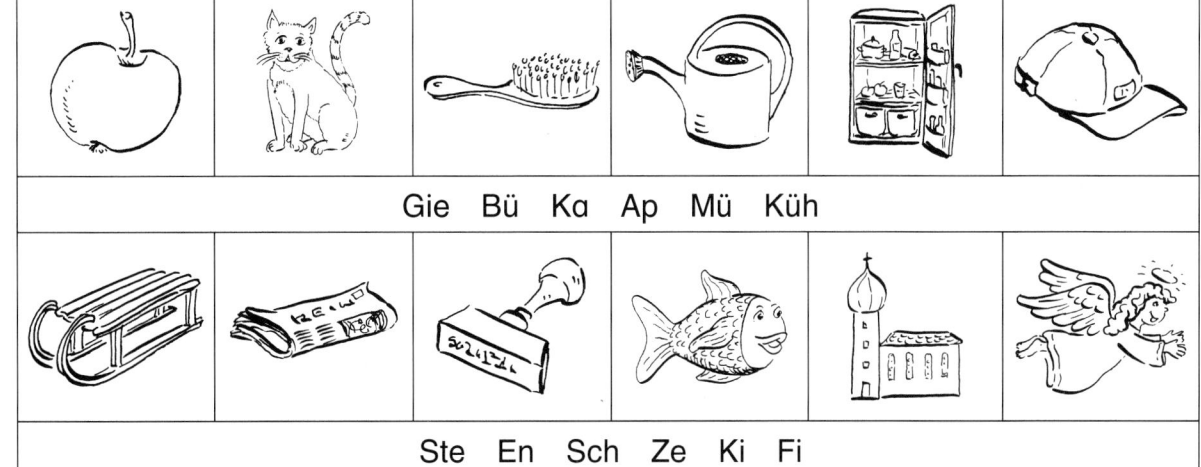

Gie   Bü   Ka   Ap   Mü   Küh

Ste   En   Sch   Ze   Ki   Fi

Wörter mit *ck*

Übung 1   In Silben lesen

1. Im Kinderzimmer hörte man eine Mücke summen.

2. Kuchen und süße Sahne schmecken sehr gut.

3. Um sieben Uhr klingelte der Wecker.

4. Über den Bergen bildeten sich Regenwolken.

5. Die Jungen und Mädchen sprangen über eine große Pfütze.

6. In den Bäumen pflücken die Männer Kirschen.

Übung 2   In Silben lesen und dabei Silbenbögen malen

1. Irma und Klara sehen sich einen spannenden Film an.

2. Sie müssen noch die Geschenke auspacken.

3. Die Vögel sitzen auf einem hohen Baum.

4. Simon und Ulla drücken Jans Kopf unter Wasser.

5. Die Kühe auf der Weide fressen frisches Gras.

Wörter umformen

Übung 1 — In Silben lesen und dabei Silbenbögen malen. Beim Umformen Pfeile malen.

Beispiel 1:

Beispiel 2:

1. Die Fische schwimmen *stumm* im Wasser auf und ab.

2. Die Brühe sah *braun* aus.

3. Sie beladen den Wagen, bis er *voll* ist.

4. Die Schnitzel waren viel zu *fett*.

5. Ihr wurde *klar*, was er wirklich meinte.

6. Ihm war ein *Stein* auf die Füße gefallen.

7. Seine Hände waren noch *nass*.

8. In der Ferne hörten wir einen lauten *Pfiff*.

9. Die Taschen waren ziemlich *schwer*.

10. An der Decke hingen eine Lampe und ein *Seil*.

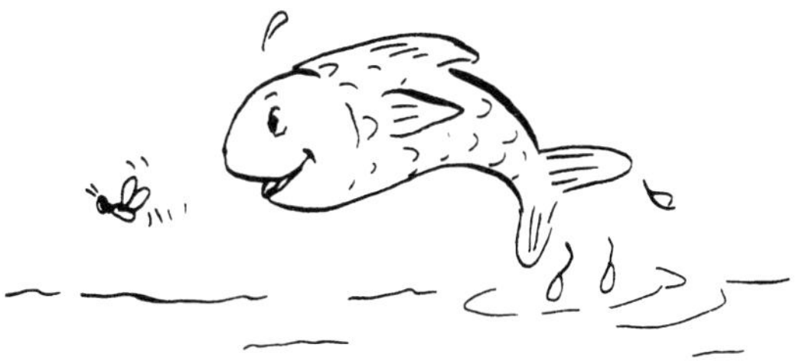

Name:

1. Das silbierende Mitsprechen

Übung 2 Wörter zum Umformen suchen

1. Die Männer fuhren mit ihrem Schiff nach Afrika.
2. Viele Bären haben ein braunes Fell.
3. Die Bretter waren noch immer krumm.
4. Wegen der Kälte waren meine Finger steif.
5. Die Kinder müssen heute früher ins Bett als gestern.
6. Ein älterer Herr erklärte uns alles.
7. Das Auto wurde von einem Stein getroffen.
8. Der Himmel war klar und wir wanderten weiter.
9. Die schmale Brücke führte über einen breiten Fluss.

Übung 3 In Silben lesen und dabei Silbenbögen malen. Beim Umformen Pfeile malen.

1. Wir schreiben einen Satz.
2. Im Stall standen sieben Kühe.
3. Der Baum wurde von einem Blitz getroffen.
4. In den Bergen führen die Wege steil in die Höhe.
5. Am Stamm einer Eiche klettern zwei Eichhörnchen empor.
6. Auf dem riesigen Platz parken viele Autos.

Schülerarbeitsblätter

Übung 4 Silbenrätsel

be – Te – Bröt – Wol – zah – Sup – len – Hal – chen – Spie – te – ken – pe – fon – len – stel – gel – le

Übung 5 In Silben lesen und dabei Silbenbögen malen. Beim Umformen Pfeile malen. In jedem Satz muss ein Wort umgeformt werden.

1. Sehr viele Haustiere sind zu dick.

2. Katzen lecken oft ihr Fell sauber.

3. Sie bringen die Blumenerde in einem Sack nach Hause.

4. Sieben Schafe und ein Lamm warteten auf das Futter.

5. Wir wanderten durch ein tiefes Tal.

6. Ich habe alle Sätze auf einen Block geschrieben.

7. Viele Tiere brauchen den Schutz des Menschen.

Name: **1. Das silbierende Mitsprechen**

Übung 6   Gibt es oder gibt es nicht?

```
        (s)                          (tz)                        (mm)
Ta (ß) engurke          Marmeladenmü  e           Wohnzi  er
        (ss)                          (z)                         (m)

        (p)                          (k)                         (ss)
Waschla  en             Knochenja  e             Einbahnstra (s) e
        (pp)                         (ck)                        (ß)

        (t)                          (ff)                        (bb)
Bu  erschulter          Raumschi  e              Fensterschei  be
        (tt)                         (f)                         (b)
```

Übung 7   Verben (Tunwörter) umformen

kennt   malt

rennt, bellte, geschafft, spürt, schläft,

guckt, geschleppt, summt, schwitzte,

schrubbt, gestaunt, starrt, geküsst,

backt, bestraft, besitzt, träumte,

spinnt, kneift, füllt, geweint, gepasst,

plant, schwört, hofft, spült, juckte

Name: 1. Das silbierende Mitsprechen

Übung 8   In Silben lesen und dabei Silbenbögen malen. Beim Umformen Pfeile malen.

Beispiel:

Sie weckt ihren Bruder immer auf.

1. Die Biene summt um die Blüten herum.

2. Ich möchte wissen, ob eine Fliege auch manchmal schläft.

3. Der Ballon ist gerade geplatzt.

4. Der Verbrecher schwört der Polizei Rache.

5. Der Bogenschütze spannte mit aller Kraft seinen Bogen.

6. Auf dem Kartoffelacker sitzt eine Krähe.

7. Die alte Dame spürt ein heftiges Stechen im Rücken.

Übung 9   Silbenrätsel

Pflau – Stra – Re – Schreib – ßen – men – gen – tisch – Ge – Wohn – lam – schwin – man – pe – dig – zim – Kreu – baum – mer – tel – zung – keit

Wörter mit *d/t, g/k, b/p*

Übung 1 In Silben lesen und dabei Silbenbögen malen. Beim Umformen Pfeile malen.

Beispiele:

   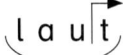   

1. Auf dem Feld arbeiteten sieben Männer.
2. Am Morgen war es bitterkalt und es schneite.
3. Die Jungen schlugen ihr Zelt auf einer Wiese auf.
4. Im Sand schlängelte sich eine Ringelnatter.
5. Der Angler hatte einen dicken Hecht gefangen.
6. Er schaute uns mit einem finsteren Gesicht an.
7. Ich habe kaum ein Wort verstanden.
8. Die Leute gingen an Bord des riesigen Schiffes.
9. Ich spitze gerade meinen Bleistift an.
10. Ich trage einen gelben Hut und einen blauen Mantel.

Name: 1. Das silbierende Mitsprechen

Übung 2   Wörter finden und umformen

1. An dem Zw ___ hängen viele Äpfel.
2. Der alte Mann war sehr kra ___ .
3. In das Hochhaus hatte ein Bli ___ eingeschlagen.
4. Die Anzüge sind aus sehr feinem Sto ___ .
5. Seine Mutter schi ___ t ihn zum Einkaufen.
6. Mit seinen Liedern hatte Peter großen Erfo ___ .
7. Die Kisten waren nicht vo ___ , sondern noch halb leer.
8. Die Kuh lie ___ t im Schatten unter einem Baum.

Übung 3   Ein Rätsel

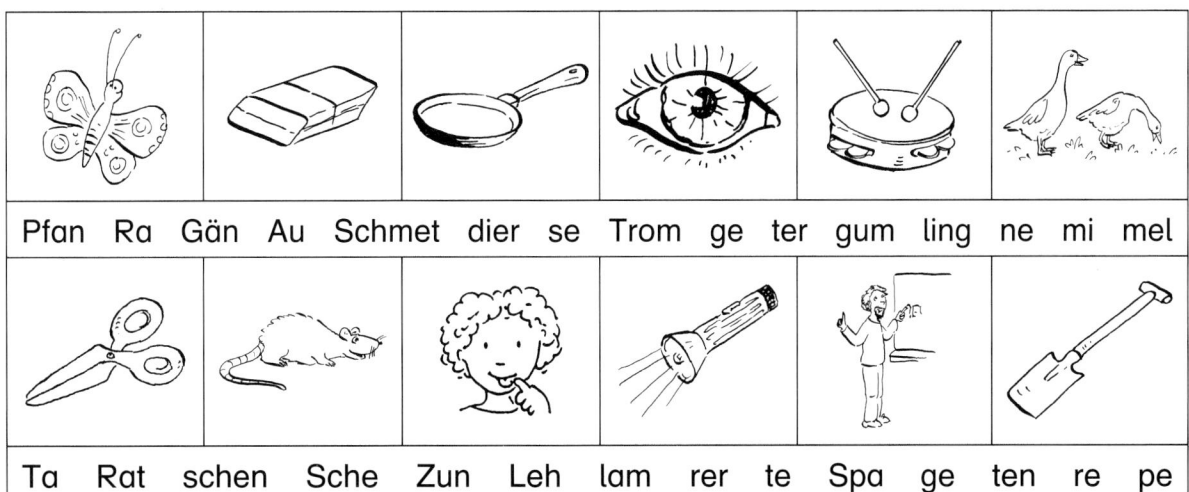

| Pfan | Ra | Gän | Au | Schmet | dier | se | Trom | ge | ter | gum | ling | ne | mi | mel |

| Ta | Rat | schen | Sche | Zun | Leh | lam | rer | te | Spa | ge | ten | re | pe |

Übung 4   Wörter mit *b* und *p*

hal __ _____   hu__t _____   Sta __ _____

pum __ t _____   Die __ _____   trei __ t _____

Kor __ _____   plum __ _____   gel __ _____

Übung 5 Wörter umformen

Sa m|m|ler

1. Wir bauen mit unseren Freunden ein Schiffchen.

2. Im Winter tragen die Männer Fellmützen.

3. Die Rennfahrer sausen um die Kurven.

4. Ich öffnete das Fenster zur Straße.

5. Sie braten das frische Hackfleisch in einer Pfanne.

6. In den Regalen lagen viele Stofftiere.

7. In den Bergen übernachten die Wanderer in Schutzhütten.

8. Die Männer schweben mit Fallschirmen zu Boden.

9. Wir dürfen die Hoffnung nie aufgeben.

10. Die Rosen vertrocknen, weil sie kein Wasser bekommen.

11. Hunde brauchen ein Frauchen oder ein Herrchen.

Name:

2. Einüben der nächsten 200 häufigsten Fehlerwörter

Teil A: Wort 101 bis 113

Übung 1 Wörter raten und aufschreiben

1.	f *oder* ff	ho __ en	Wir …, dass wir gewinnen.
2.	ß *oder* s *oder* ss	Gla __	Sie trinkt ein … Apfelsaft.
3.	i *oder* ie	sch __ f	Das Dach des alten Hauses ist ganz … .
4.	ck *oder* k	erschro __ en	Als wir den Unfall sahen, waren wir ganz … .
5.	s *oder* st	ander __	Es sieht ganz … aus, als ich dachte.
6.	äh *oder* eh t *oder* d	w __ ren __	Er singt, … er badet.
7.	pp *oder* p	Pu __ e	Das Mädchen spielt mit seiner … .
8.	g *oder* ch *oder* k	lusti __	Der Witz war … .
9.	t *oder* tt	dri __ e	Sie kommt bald in die … Klasse.
10.	t *oder* d	Wal __	Im … wachsen viele Bäume.
11.	mm *oder* m	zusa __ en	Sie singen … ein Lied.
12.	i *oder* ie s *oder* ss *oder* ß	l __ __ t	Er … ein dickes Buch.
13.	nn *oder* n	dü __	Der kleine Junge ist viel zu … .

Name:

2. Einüben der nächsten 200 häufigsten Fehlerwörter

Übung 2 Gegenseitig diktieren

1. Es ist ganz anders gekommen, als wir gedacht haben.
anders, anders
2. Sie gehen zusammen zur Schule.
zusammen, zusammen
3. Sie hoffen, dass es bald schneit.
hoffen, hoffen
4. Er sieht ganz erschrocken aus.
erschrocken, erschrocken
5. Die Geschichte ist sehr lustig.
lustig, lustig
6. Sie liest uns etwas vor.
liest, liest
7. Seine Ärmchen sind noch ganz dünn.
dünn, dünn
8. Im Wald leben viele Tiere.
Wald, Wald
9. Das Glas ist zerbrochen.
Glas, Glas
10. Er blieb zu Hause, während es regnete.
während, während
11. Der dritte Mann lief ganz langsam.
dritte, dritte
12. Seine Mütze sitzt schief.
schief, schief
13. Lena kann ihre Puppe nicht finden.
Puppe, Puppe

1. Sie möchte ein Glas Apfelsaft.
Glas, Glas
2. Die Wände sind ziemlich dünn.
dünn, dünn
3. Das haben wir uns ganz anders vorgestellt.
anders, anders
4. Als es donnerte, waren sie ganz erschrocken.
erschrocken, erschrocken
5. Wer liest den Kindern eine Geschichte vor?
liest, liest
6. Er dachte nach, während er sein Brot aß.
während, während
7. Ich möchte das dritte Stück Kuchen.
dritte, dritte
8. Wir singen zusammen ein Lied.
zusammen, zusammen
9. Sie sieht sehr lustig aus.
lustig, lustig
10. Wir hoffen, dass alles klappt.
hoffen, hoffen
11. Die Jungen rannten durch den dunklen Wald.
Wald, Wald
12. Annas Puppe hat blaue Augen.
Puppe, Puppe.
13. Die Wand ist ganz schief.
schief, schief

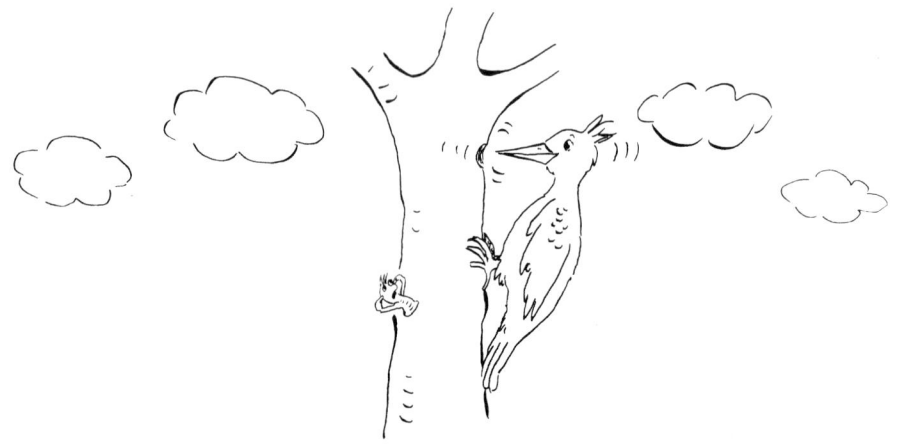

24 Schülerarbeitsblätter

Name:

2. Einüben der nächsten 200 häufigsten Fehlerwörter

Übung 3   Rätsel mit Geheimzahl

Geheimzahl	1	2	3	4	5	6	7	8	9	10	11	12	13	14	15	16	17	18	19
Lösungsbuchstabe	f	j	u	P	s	d	m	g	A	r	l	i	o	B	t	n	H	e	K

1. Sie lie-t (ss = 4 *oder* ß = 15 *oder* s = 13) etwas vor.
2. Der Witz war lusti- (g = 1 *oder* ch = 16 *oder* k = 10).
3. Er träumt, w-rend (ä = 6 *oder* äh = 15) er schläft.

Zahlen:
Lösungswort:

4. Er trinkt ein Gla- (ß = 5 *oder* ss = 13 *oder* s = 14) Bier.
5. Das Bild hängt sch-f (i = 6 *oder* ie = 10) an der Wand.
6. Im Wal- (t = 3 *oder* d = 13) kann man wandern.
7. Das Brett ist zu dü- (n = 2 *oder* nn = 15).

Zahlen:
Lösungswort:

8. Ihre Pu-e (p = 16 *oder* pp = 2) hat blondes Haar.
9. Sie schaute uns erschro-en (ck = 3 *oder* k = 11) an.
10. Sie liefen zusa-en (mm = 16 *oder* m = 7) am Fluss entlang.
11. Es war ander- (s = 8 *oder* st = 15), als sie behauptet hat.

Zahlen:
Lösungswort: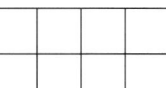

— — — — — — — — — — — — — — — — — — —

12. Er l-st (i = 4 *oder* ie = 9) in einem Buch.
13. Sie hörte mich nicht, währen- (d = 3 *oder* t = 18) sie arbeitete.
14. Heute ist der dri-e (tt = 8 *oder* t = 16) Tag der Woche.
15. Wir ho-en (ff = 18 *oder* f = 7), dass er nächste Woche kommt.

Zahlen:
Lösungswort:

Teil B: Wort 114 bis 125

Übung 1 Wörter raten und aufschreiben

1.	ss *oder* s *oder* ß	fre ___ en	Löwen … Fleisch.
2.	o *oder* oh	S ___ n	Sie haben einen … und eine Tochter.
3.	i *oder* ie g *oder* k	b ___ ___ t	Sie … den schiefen Draht gerade.
4.	t *oder* tt	kapu ___	Der Motor ist … .
5.	ah *oder* a	w ___ r	Was er gesagt hat, ist … .
6.	g *oder* k	Ber ___	Sie fahren mit dem Auto einen … hinauf.
7.	ilie *oder* ilje	Fam ___	Unsere … besteht aus vier Personen.
8.	n *oder* nn	bre ___ en	Nasse Streichhölzer … nicht.
9.	s *oder* ss *oder* ß	Wa ___ er	Sie trinkt etwas … .
10.	ds *oder* z	aben ___	Meistens sehen sie … fern.
11.	mm *oder* m	Zi ___ er	Jakob spielt in seinem … .
12.	f *oder* v scht *oder* st e *oder* eh	___ er ___ ___ en	Sie … die Aufgabe nicht.

Name:

2. Einüben der nächsten 200 häufigsten Fehlerwörter

Übung 2   Gegenseitig diktieren

1. Im Ofen brennen Kohlen. *brennen, brennen*	1. Viele Tiere fressen gern Fleisch. *fressen, fressen*
2. Sie gehen abends gern spazieren. *abends, abends*	2. Er fuhr mit seinem Sohn nach Köln. *Sohn, Sohn*
3. Das kann doch nicht wahr sein. *wahr, wahr*	3. Er kann die Aufgabe nicht verstehen. *verstehen, verstehen*
4. Kühe fressen Heu. *fressen, fressen*	4. Steine brennen nicht. *brennen, brennen*
5. Er biegt einen Ast herunter. *biegt, biegt*	5. Unsere Familie besteht aus vier Personen. *Familie, Familie*
6. Ihr Sohn ist zwölf Jahre alt. *Sohn, Sohn*	6. Er löscht seinen Durst mit Wasser. *Wasser, Wasser*
7. Ich kann ihn nicht verstehen. *verstehen, verstehen*	7. Was in der Zeitung steht, ist nicht immer wahr. *wahr, wahr*
8. Sie verschwindet in ihr Zimmer. *Zimmer, Zimmer*	8. Er biegt ein Stück Draht um. *biegt, biegt*
9. Die ganze Familie ist in Urlaub gefahren. *Familie, Familie*	9. Ist die Uhr kaputt? *kaputt, kaputt*
10. Sie kletterten den Berg hinauf. *Berg, Berg*	10. Sie schauen sich abends oft einen Film an. *abends, abends*
11. Er holt einen Eimer Wasser. *Wasser, Wasser*	11. Er stand mitten in seinem Zimmer. *Zimmer, Zimmer*
12. Mein Fahrrad ist kaputt. *kaputt, kaputt*	12. Wir brauchten sehr lange, bis wir oben auf dem Berg waren. *Berg, Berg*

Schülerarbeitsblätter

Übung 3 — Rätsel mit Geheimzahl

Geheimzahl	1	2	3	4	5	6	7	8	9	10	11	12	13	14	15	16	17	18	19
Lösungsbuchstabe	h	s	ü	e	o	b	Z	ö	l	n	g	e	W	u	f	r	A	D	t

1. Er bie-t (k = 15 *oder* g = 4) den Zweig zur Seite.
2. Ich kann ihn nicht -erstehen (v = 9 *oder* f = 6).
3. Er arbeitet in seinem Zi-er (m = 3 *oder* mm = 15).

Zahlen:
Lösungswort:

4. Sein S-n (oh = 11 *oder* o = 2) heißt Udo.
5. Im Teich war kein Wa-er (s = 4 *oder* ss = 14 *oder* ß = 5).
6. In der Ferne sah man einen Ber- (g = 19 *oder* k = 4).

Zahlen:
Lösungswort:

7. Die alte Maschine war kapu- (t = 13 *oder* tt = 7).
8. Ist das wirklich w-r (a = 12 *oder* ah = 14)?
9. Wir spielen aben- (ds = 11 *oder* z = 6) Karten.

Zahlen:
Lösungswort:

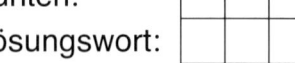

10. Die Kerzen bre-en (nn = 15 *oder* n = 6).
11. Er möchte alles ver-ehen (st = 3 *oder* scht = 9).
12. Der Ast b-gt sich im Wind (i = 8 *oder* ie = 16).

Zahlen:
Lösungswort:

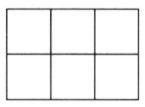

13. Ziegen fre-en (ss = 10 *oder* s = 2 *oder* ß = 19) Gras.
14. Wir verst-en (e = 2 *oder* eh = 14) ihn nicht.
15. Seine Fam-ie (ilje = 3 *oder* ilie = 16) wohnt in Köln.

Zahlen:
Lösungswort:

Name:

2. Einüben der nächsten 200 häufigsten Fehlerwörter

Teil A: Wort 126 bis 138

Tod und **tot**

Beispiel 1: Der **Tod** jagt den Menschen Angst ein.
Beispiel 2: Die Schlange ist **tot**.

Übung 1   Setze *Tod* oder *tot* ein!

1. Die Maikäfer sind _____ .

2. Der _____ lauert überall.

3. Sein _____ kam ganz unerwartet.

4. Sie ist noch lange nicht _____ .

5. Ihr _____ machte alle sehr traurig.

6. Er war schon _____ , als er gefunden wurde.

7. Wenn sie so weitermacht, ist sie bald _____ .

8. Der alte, kranke Mann wartete auf seinen _____ .

9. Die Soldaten waren alle _____ .

10. Niemand hat mit ihrem _____ gerechnet.

Schülerarbeitsblätter

Name: 2. Einüben der nächsten 200 häufigsten Fehlerwörter

Übung 2 Wörter raten und aufschreiben

1.	e *oder* eh	bef ___ len	Sie können uns gar nichts … .
2.	m *oder* mm	schli ___	Seine Verletzung war nicht sehr … .
3.	t *oder* d	to ___	Das große Tier war … .
4.	üh *oder* ü	fr ___	Sie steht immer … auf.
5.	ss *oder* s *oder* ß	bei ___ en	Sie … in ihre Brötchen.
6.	F *oder* V g *oder* k	___ ol ___	Die Holländer sind ein kleines … .
7.	ß *oder* ss *oder* s	au ___ erdem	Er trank Saft und … Milch.
8.	nn *oder* n	gewi ___ en	Ich glaube, er wird den Wettlauf … .
9.	t *oder* tt	Bu ___ er	Sie streicht sich … auf ihr Brot.
10.	i *oder* ie ss *oder* s *oder* ß	schl ___ ___ lich	Er hat es … verstanden.
11.	ch *oder* cht	brau ___	Er … unsere Hilfe nicht.
12.	p *oder* b o *oder* oh	o ___ w ___ l	Er isst viel, … er abnehmen soll.
13.	ß *oder* s *oder* ss	Fu ___	Sie hat sich den … verstaucht.

30 Schülerarbeitsblätter

Name:

2. Einüben der nächsten 200 häufigsten Fehlerwörter

Übung 3 Gegenseitig diktieren

1. Die Wunde sieht schlimm aus.
   schlimm, schlimm
2. Mein Fuß tut weh.
   Fuß, Fuß
3. Das englische Volk lebt auf einer Insel.
   Volk, Volk
4. Er hat schon früh gemerkt, dass es nicht klappt.
   früh, früh
5. Er gibt ein Stück Butter in die Pfanne.
   Butter, Butter
6. Sie ist schließlich doch noch gekommen.
   schließlich, schließlich
7. Sie befehlen den Rückzug nach Hause.
   befehlen, befehlen
8. Sie sprechen nicht gern über den Tod.
   Tod, Tod
9. Wir können den ersten Preis gewinnen.
   gewinnen, gewinnen
10. Er geht arbeiten, obwohl er krank ist.
    obwohl, obwohl
11. Hunde, die bellen, beißen nicht.
    beißen, beißen
12. Sie braucht ein neues Schulheft.
    braucht, braucht
13. Es regnet und außerdem donnert es.
    außerdem, außerdem

1. Wir sind viel zu früh gekommen.
   früh, früh
2. Sie hat es schließlich eingesehen.
   schließlich, schließlich
3. Sie sollen uns nicht immer etwas befehlen.
   befehlen, befehlen
4. Ich esse lieber Margarine als Butter.
   Butter, Butter
5. Das ganze Volk ist gegen den Krieg.
   Volk, Volk
6. Die alte Frau kann nicht mehr so gut beißen.
   beißen, beißen
7. Was ist daran so schlimm?
   schlimm, schlimm
8. Der Fuchs lag tot auf der Straße.
   tot, tot
9. Sie liest ein Buch und hört außerdem Radio.
   außerdem, außerdem
10. Sie gewinnen fast immer.
    gewinnen, gewinnen
11. Jan braucht noch etwas Geld.
    braucht, braucht
12. Er war traurig, obwohl er lachte.
    obwohl, obwohl
13. Er hat sich den Fuß verstaucht.
    Fuß, Fuß

Schülerarbeitsblätter

Name:

2. Einüben der nächsten 200 häufigsten Fehlerwörter

Übung 4 Rätsel mit Geheimzahl

Geheimzahl	1	2	3	4	5	6	7	8	9	10	11	12	13	14	15	16	17	18	19
Lösungsbuchstabe	f	e	d	s	l	r	u	t	c	a	k	o	m	b	h	i	A	h	n

1. Sie hat schlie-lich (ß = 14 *oder* ss = 3 *oder* s = 11) gewonnen.
2. Er lacht, o-wohl (p = 16 *oder* b = 5) er eigentlich traurig ist.
3. Die Bu-er (t = 2 *oder* tt = 10) war ganz weich.
4. Er wurde vom -olk (F = 18 *oder* V = 7) gewählt.

Zahlen:
Lösungswort:

5. Sein linker Fu- (ss = 17 *oder* s = 8 *oder* ß = 12) tat weh.
6. Sie bef-len (e = 6 *oder* eh = 14) ihnen wegzulaufen.
7. Sein To- (d = 2 *oder* t = 16) kam plötzlich.
8. Das alte Haus sah schli- (m = 2 *oder* mm = 19) aus.

Zahlen:
Lösungswort:

9. Die Hunde bei-en (ß = 19 *oder* ss = 4 *oder* s = 16) in den Knochen.
10. Die junge Frau möchte unbedingt einen Preis gewi-en (nn = 12 *oder* n = 4).
11. Unser Nachbar brau- (cht = 9 *oder* ch = 7) dringend Hilfe.
12. Er hat es schl-ßlich (ie = 15 *oder* i = 1) doch noch eingesehen.

Zahlen:
Lösungswort:

13. Das ganze Vol- (g = 5 *oder* k = 11) hielt zu ihm.
14. Sie arbeitet, obw-l (oh = 5 *oder* o = 8) sie krank ist.
15. Er hat ein Auto und au-erdem (s = 11 *oder* ss = 4 *oder* ß = 10) ein Motorrad.
16. Der Maikäfer, den er unter einem Baum gefunden hatte, war to- (d = 13 *oder* t = 6).

Zahlen:
Lösungswort:

Schülerarbeitsblätter

Teil B: Wort 139 bis 150

Übung 1 Wörter raten und aufschreiben

1.	e *oder* eh	z __ n	Fünf plus fünf ist … .
2.	k *oder* g	We __	Der … führt zum nächsten Dorf.
3.	f *oder* v ie *oder* i	__ erl __ ren	Ich darf mein Geld nicht … .
4.	d *oder* t ck *oder* k	en __ de __ en	Sie möchten einen Schatz … .
5.	ß *oder* s *oder* ss	la __	Er … eine Geschichte vor.
6.	Scht *oder* St mm *oder* m	__ i __ e	Sie hat eine laute … .
7.	bs *oder* ps	sel __ t	Ich habe es … nicht gewusst.
8.	l *oder* ll	Te __ er	Er hat seinen … leer gegessen.
9.	tz *oder* z	Pla __	Im Auto ist kein … mehr.
10.	Scht *oder* St tt *oder* dt	__ a __	Sie wohnen in einer großen … .
11.	s *oder* ss *oder* ß	Bu __	Wir fahren mit dem … zur Schule.
12.	k *oder* g	klu __	Was er gesagt hat, ist sehr … .

Name:

2. Einüben der nächsten 200 häufigsten Fehlerwörter

Übung 2 Gegenseitig diktieren

1. Sie hat eine hohe Stimme. *Stimme, Stimme* 2. Sie möchten das Spiel nicht verlieren. *verlieren, verlieren* 3. Er ist zehn Jahre alt. *zehn, zehn* 4. Ich kenne den Weg nicht. *Weg, Weg* 5. Er bekam einen Teller Suppe. *Teller, Teller* 6. Sie warten auf den Bus. *Bus, Bus* 7. Die Seeleute möchten eine Insel entdecken. *entdecken, entdecken* 8. Sie fahren in die Stadt hinein. *Stadt, Stadt* 9. Sie ist selbst gekommen. *selbst, selbst* 10. Das war nicht sehr klug von Jens. *klug, klug* 11. Er setzte sich auf den Platz neben mir. *Platz, Platz* 12. Sie las einen spannenden Roman. *las, las*	1. Wie weit ist der Weg nach Hause? *Weg, Weg* 2. Er hat Angst, alles zu verlieren. *verlieren, verlieren* 3. Der Bus kam zu spät. *Bus, Bus* 4. Seine Stimme klang ganz fremd. *Stimme, Stimme* 5. Sie legte die Wurst auf einen Teller. *Teller, Teller* 6. Wir trafen uns auf einem Platz mitten im Dorf. *Platz, Platz* 7. Sie zählte bis zehn. *zehn, zehn* 8. Er las von morgens bis abends in seinem Buch. *las, las* 9. Sie möchten eine Höhle entdecken. *entdecken, entdecken* 10. Ich kenne mich in der Stadt sehr gut aus. *Stadt, Stadt* 11. Was er gerade gesagt hat, ist nicht sehr klug. *klug, klug* 12. Er wusste es selbst nicht. *selbst, selbst*

Name:

2. Einüben der nächsten 200 häufigsten Fehlerwörter

Übung 3   Rätsel mit Geheimzahl

Geheimzahl	1	2	3	4	5	6	7	8	9	10	11	12	13	14	15	16	17	18	19
Lösungsbuchstabe	c	o	B	k	f	t	D	n	e	a	i	E	w	ü	h	g	u	r	H

1. Er hat eine leise -imme (Scht = 3 *oder* St = 12).
2. Sie sind auf dem richtigen We- (g = 1 *oder* k = 18).
3. Der Bu- (s = 4 *oder* ss = 15 *oder* ß = 8) hält dort nicht.
4. Sie zogen in eine kleine Sta- (tt = 5 *oder* dt = 9).

Zahlen: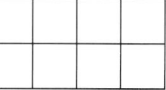
Lösungswort:

5. Sie zählt bis z-n (eh = 7 *oder* e = 16).
6. Er war sel-t (ps = 2 *oder* bs = 10) überrascht.
7. Die Kinder wollen etwas Besonderes en-decken (d = 8 *oder* t = 1).
8. Die junge Frau dort drüben sieht sehr klu- (k = 9 *oder* g = 15) aus.

Zahlen:
Lösungswort:

9. Er stellte einen Te-er (l = 19 *oder* ll = 10) auf den Tisch.
10. Am Abend la- (ß = 2 *oder* s = 17 *oder* ss = 4) er ein Buch.
11. Er machte der Frau Plat- (z = 9 *oder* tz = 1).
12. Ich darf das Spiel nicht -erlieren (v = 15 *oder* f = 4).

Zahlen:
Lösungswort:

---

13. Seine Sti-e (mm = 5 *oder* m = 13) war heiser.
14. Sie werden ihn gleich entde-en (k = 17 *oder* ck = 14).
15. Wir fuhren an der -adt (St = 8 *oder* Sch = 15) vorbei.
16. Sie haben Angst zu verl-ren (i = 18 *oder* ie = 5).

Zahlen:
Lösungswort:

Schülerarbeitsblätter

Teil A: Wort 151 bis 163

Übung 1 — Wörter raten und aufschreiben

1.	f *oder* ff	tre ___ en	Sie … sich vor der Schule.
2.	üh *oder* ü	f ___ ren	Sie … uns durch die Stadt.
3.	tt *oder* t	We ___ er	Bei schönem … gehen sie spazieren.
4.	ä *oder* e ch *oder* k *oder* g	kr ___ fti ___	Der junge Mann ist sehr … .
5.	ss *oder* s *oder* ß	gese ___ en	Sie haben auf dem Sofa … .
6.	e *oder* ä	Gesch ___ ft	Das … war geschlossen.
7.	ieh *oder* ie *oder* i	z ___ en	Die Pferde … den schweren Wagen.
8.	a *oder* ah	B ___ n	Sie fahren gern mit der alten … .
9.	ts *oder* z	rech ___	Der Lastwagen bog … ab.
10.	k *oder* ch *oder* g	trauri ___	Sie sind …, weil sie sich trennen müssen.
11.	ll *oder* l	übera ___	Wir haben ihn … gesucht.
12.	k *oder* ck	De ___ e	Er zog sich die … über den Kopf.
13.	m *oder* mm	So ___ er	Im … ist es meistens warm.

Name:

2. Einüben der nächsten 200 häufigsten Fehlerwörter

Übung 2 Gegenseitig diktieren

1. Sie haben auf dem Sofa gesessen.
   gesessen, gesessen
2. Der Strauch steht rechts von dem großen Baum.
   rechts, rechts
3. Sie sah nicht sehr kräftig aus.
   kräftig, kräftig
4. Sie führen uns zu der alten Burg.
   führen, führen
5. Im Sommer gehen wir oft schwimmen.
   Sommer, Sommer
6. Die Pferde ziehen den Wagen.
   ziehen, ziehen
7. Sie waren alle sehr traurig.
   traurig, traurig
8. Im Garten wachsen überall Blumen.
   überall, überall
9. Sie lag unter einer dicken Decke.
   Decke, Decke
10. Die kleine Bahn brachte uns den Berg hinauf.
    Bahn, Bahn
11. Wir treffen uns nächste Woche auf dem Dorfplatz.
    treffen, treffen
12. Er arbeitete in einem großen Geschäft.
    Geschäft, Geschäft
13. Das Wetter kann nur noch besser werden.
    Wetter, Wetter

1. Wo führen die Männer uns hin?
   führen, führen
2. Ich freue mich schon auf den Sommer.
   Sommer, Sommer
3. Er ist traurig, weil wir ihn nicht besucht haben.
   traurig, traurig
4. Wir müssen nach rechts gehen.
   rechts, rechts
5. Bald wird das Wetter wieder schlechter.
   Wetter, Wetter
6. Mit dem Verkauf seines Autos hat er ein gutes Geschäft gemacht.
   Geschäft, Geschäft
7. Die besseren Läufer ziehen an ihnen vorbei.
   ziehen, ziehen
8. Er ist überall bekannt.
   überall, überall
9. Die Bahn kam pünktlich.
   Bahn, Bahn
10. Hat er im Gefängnis gesessen?
    gesessen, gesessen
11. Sie musste kräftig niesen.
    kräftig, kräftig
12. Er starrte zur Decke hinauf.
    Decke, Decke
13. Können wir uns bei dir treffen?
    treffen, treffen

Schülerarbeitsblätter

Name:

2. Einüben der nächsten 200 häufigsten Fehlerwörter

Übung 3 Zwei Mannschaften

Wort	1	2	3	4	5	6	7	8
1								
2								
3								
4								
5								
6								
7								
8								
9								
10								
11								
12								
13								

1 _____ _____
2 _____ _____
3 _____ _____
4 _____ _____
5 _____ _____
6 _____ _____
7 _____ _____
8 _____ _____
9 _____ _____
10 _____ _____
11 _____ _____
12 _____ _____
13 _____ _____

Schülerarbeitsblätter

Teil B: Wort 164 bis 175

Übung 1 Wörter raten und aufschreiben

1.	ä *oder* e *oder* eh	erkl ___ ren	Das musst du uns genauer … .
2.	ll *oder* l	Bri ___ e	Sie kann nur mit einer … lesen.
3.	ß *oder* ss *oder* s	a ___	Er … einen Apfel.
4.	ä *oder* e k *oder* g	h __ n __ t	Die Wäsche … an der Leine.
5.	Scht *oder* St u *oder* uh	___ ___ l	Sie setzte sich auf einen … .
6.	tt *oder* t	Bla ___	Das …, das am Baum hängt, ist grün.
7.	ie *oder* i ss *oder* ß *oder* s	fl ___ ___ n	Durch das Dorf … zwei Bäche.
8.	eu *oder* äu g *oder* ch *oder* k	h ___ fi ___	Ich habe ihn schon … gesehen.
9.	ß *oder* ss *oder* s	wei ___	Das Kopfkissen ist … .
10.	ss *oder* ß *oder* s	hei ___ en	Sie … Meier und nicht Müller.
11.	ff *oder* f	Schi ___	Sie fuhren mit einem … über das Meer.
12.	sp *oder* schp ie *oder* i	Bei ___ ___ l	Er nannte ein … für die Regel.

Name:

2. Einüben der nächsten 200 häufigsten Fehlerwörter

Übung 2 Gegenseitig diktieren

1. Mit seiner neuen Brille kann er viel besser lesen.
   Brille, Brille
2. Sie heißen Tim und Tom.
   heißen, heißen
3. Ich kann es dir nicht erklären.
   erklären, erklären
4. Am Tisch fehlt noch ein Stuhl.
   Stuhl, Stuhl
5. An dem Baum sieht man kein einziges Blatt mehr.
   Blatt, Blatt
6. Er aß fast die ganze Torte auf.
   aß, aß
7. Das ist schon häufig vorgekommen.
   häufig, häufig
8. Nimm dir ein Beispiel an ihr.
   Beispiel, Beispiel
9. Sein Haar ist schon ganz weiß.
   weiß, weiß
10. Die Hose hängt an der Leine.
    hängt, hängt
11. Sie fahren mit dem Schiff nach Amerika.
    Schiff, Schiff
12. Ihm fließen die Tränen die Wangen herunter.
    fließen, fließen

1. Sie aß eine Gurke.
   aß, aß
2. Er sitzt auf einem kleinen Stuhl.
   Stuhl, Stuhl
3. Sie hat ihn häufig an der Haltestelle gesehen.
   häufig, häufig
4. Ihre Brille lag auf der Kommode.
   Brille, Brille
5. Die beiden Flüsse fließen in die Nordsee.
   fließen, fließen
6. Sie erklären uns alles.
   erklären, erklären
7. Er reißt ein Blatt aus seinem Heft heraus.
   Blatt, Blatt
8. Nenne mir bitte ein Beispiel für die Regel.
   Beispiel, Beispiel
9. Das riesige Schiff ist vor Kurzem gesunken.
   Schiff, Schiff
10. Der Anzug, den er oft trägt, ist ganz weiß.
    weiß, weiß
11. Das Bild hängt noch nicht an der richtigen Stelle.
    hängt, hängt
12. Wie soll das Kind denn heißen?
    heißen, heißen

Schülerarbeitsblätter

| Name: | | | | | | | | | 2. Einüben der nächsten 200 häufigsten Fehlerwörter |

Übung 3 Zwei Mannschaften

Wort	1	2	3	4	5	6	7	8
1								
2								
3								
4								
5								
6								
7								
8								
9								
10								
11								
12								

1 _____   _____
2 _____   _____
3 _____   _____
4 _____   _____
5 _____   _____
6 _____   _____
7 _____   _____
8 _____   _____
9 _____   _____
10 _____ _____
11 _____ _____
12 _____ _____

Schülerarbeitsblätter

2. Einüben der nächsten 200 häufigsten Fehlerwörter

Teil A: Wort 176 bis 188

Übung 1   Wörter raten und aufschreiben

1.	t *oder* tt	Mi ___ e	In der … des Zimmers stand ein Tisch.
2.	f *oder* v	be ___ or	Er verschwand, … ich ihn erkannte.
3.	zt *oder* tzt	zule ___	Ich habe ihn gestern … gesehen.
4.	äh *oder* eh	ungef ___ r	Der Berg ist … tausend Meter hoch.
5.	s *oder* z	meisten ___	Sie ist … zu Hause.
6.	rr *oder* r	He ___	Dort drüben kommt … Müller.
7.	d *oder* t	Hun ___	Sein … bellt nur selten.
8.	f *oder* v ie *oder* i	___ ___ r	Drei plus eins ist … .
9.	scht *oder* st l *oder* ll	___ i ___	In der Hütte war es ganz … .
10.	ff *oder* f	o ___ en	Die Flasche ist … .
11.	ck *oder* k	glü ___ lich	Im Urlaub war er … .
12.	ss *oder* ß *oder* s	Ei ___	Das Wasser war zu … gefroren.
13.	ie *oder* i d *oder* t	n ___ man ___	Ich habe … gesehen.

42

Schülerarbeitsblätter

Name:

2. Einüben der nächsten 200 häufigsten Fehlerwörter

Übung 2   Gegenseitig diktieren

1. Hinter ihm stand ein älterer Herr.
   Herr, Herr
2. Er räumte auf, bevor sie kam.
   bevor, bevor
3. Bis Köln sind es ungefähr zwanzig Kilometer.
   ungefähr, ungefähr
4. Wann hast du ihn zuletzt gesehen?
   zuletzt, zuletzt
5. In der Mitte des Gartens stand ein Häuschen.
   Mitte, Mitte
6. Sie sah sehr glücklich aus.
   glücklich, glücklich
7. Sie ist erst vier Jahre alt.
   vier, vier
8. Er hat meistens recht.
   meistens, meistens
9. Das Tor war offen.
   offen, offen
10. Hinter der Katze lief ein Hund her.
    Hund, Hund
11. Sie leckte an ihrem Eis.
    Eis, Eis
12. Dort ist niemand.
    niemand, niemand
13. In der Kirche war es ganz still.
    still, still

1. Die Kinder sind sehr glücklich.
   glücklich, glücklich
2. Es ist ungefähr fünf Uhr.
   ungefähr, ungefähr
3. Wir besuchten ihn Mitte Januar.
   Mitte, Mitte
4. Es geschah, bevor wir es verhindern konnten.
   bevor, bevor
5. Sie nahm ihren Hund auf den Schoß.
   Hund, Hund
6. Sein Zimmer räumte er zuletzt auf.
   zuletzt, zuletzt
7. Vor der Tür stand Herr Schulze.
   Herr, Herr
8. Das Eis auf dem Fluss ist noch ganz dünn.
   Eis, Eis
9. Ich habe noch vier Euro.
   vier, vier
10. Er arbeitete still vor sich hin.
    still, still
11. Das konnte niemand vorhersehen.
    niemand, niemand
12. Sie kommen meistens zu spät.
    meistens, meistens
13. Warum ist die Tür offen?
    offen, offen

Schülerarbeitsblätter

2. Einüben der nächsten 200 häufigsten Fehlerwörter

Übung 3   Zwei Mannschaften

Wort	1	2	3	4	5	6	7	8	9
1									
2									
3									
4									
5									
6									
7									
8									
9									
10									
11									
12									
13									

1 _____ _____
2 _____ _____
3 _____ _____
4 _____ _____
5 _____ _____
6 _____ _____
7 _____ _____
8 _____ _____
9 _____ _____
10 _____ _____
11 _____ _____
12 _____ _____
13 _____ _____

Schülerarbeitsblätter

Name:

2. Einüben der nächsten 200 häufigsten Fehlerwörter

Teil B: Wort 189 bis 200

Übung 1 Wörter raten und aufschreiben

1.	o *oder* oh	fr ___	Wir waren …, als wir wieder zu Hause ankamen.
2.	l *oder* ll z *oder* s	fa ___ ___	Sie kommt, … sie Zeit hat.
3.	le *oder* li	Po ___ zei	Der Dieb wurde von der … verhaftet.
4.	eh *oder* e *oder* ee	Schn ___	Im Winter fällt oft … .
5.	ss *oder* s *oder* ß	bi ___ her	Das habe ich … nicht gewusst.
6.	f *oder* ff	scha ___ en	Sie werden es schon … .
7.	ck *oder* k	Augenbli ___	Wir mussten nur einen … warten.
8.	x *oder* ks	lin ___	Er saß … neben mir.
9.	tt *oder* t	bi ___ e	Gehen Sie … zur Seite.
10.	schp *oder* sp z *oder* tz ie *oder* i	___ a ___ ___ ren	Sonntags gehen sie im Wald … .
11.	b *oder* p ss *oder* s *oder* ß	Erle ___ ni ___	Sie erzählte von einem spannenden … .
12.	ei *oder* eih	W ___ nachten	Nach … tauschen sie viele Geschenke um.

Name:

2. Einüben der nächsten 200 häufigsten Fehlerwörter

Übung 2 Gegenseitig diktieren

1. Auf der Spitze der Berge liegt Schnee. *Schnee, Schnee* 2. Er kommt, falls er Zeit hat. *falls, falls* 3. So etwas ist bisher noch nicht vorgekommen. *bisher, bisher* 4. Er war sehr froh, als er wieder gesund war. *froh, froh* 5. Sie kam einen Augenblick zu spät. *Augenblick, Augenblick* 6. Geh bitte ein Stück zur Seite! *bitte, bitte* 7. Er ließ uns links liegen. *links, links* 8. Wir müssen zur Polizei gehen. *Polizei, Polizei* 9. Sie spazieren den Fluss entlang. *spazieren, spazieren* 10. Sie erzählte von einem besonderen Erlebnis. *Erlebnis, Erlebnis* 11. Bald ist Weihnachten. *Weihnachten, Weihnachten* 12. Ich glaube, dass sie es schaffen werden. *schaffen, schaffen*	1. Einen Augenblick später ging es los. *Augenblick, Augenblick* 2. Sie stand links von ihrer Mutter. *links, links* 3. Lass uns bitte in Ruhe! *bitte, bitte* 4. Ich war froh, dass nichts passiert war. *froh, froh* 5. Wir hoffen, dass Schnee liegt. *Schnee, Schnee* 6. Wir laufen weg, falls es gefährlich wird. *falls, falls* 7. Er war bisher ganz friedlich. *bisher, bisher* 8. Die Polizei war sofort am Tatort. *Polizei, Polizei* 9. Wir gingen eine Stunde spazieren. *spazieren, spazieren* 10. Wenn wir uns anstrengen, werden wir es schaffen. *schaffen, schaffen* 11. Dieses Erlebnis werde ich nie vergessen. *Erlebnis, Erlebnis* 12. Die Kinder freuen sich auf Weihnachten. *Weihnachten, Weihnachten*

Schülerarbeitsblätter

Name:

2. Einüben der nächsten 200 häufigsten Fehlerwörter

Übung 3 Zwei Mannschaften

Wort	1	2	3	4	5	6	7	8	9	10	11
1											
2											
3											
4											
5											
6											
7											
8											
9											
10											
11											
12											

1
2
3
4
5
6
7
8
9
10
11
12

Schülerarbeitsblätter

47

Teil A: Wort 201 bis 213

Übung 1 — Wörter raten und aufschreiben

1.	st *oder* scht ss *oder* s *oder* ß	___ o ___ en	Sie … ihn den Abhang hinunter.
2.	a *oder* ah	Gef ___ r	Sie waren in …, ohne es zu merken.
3.	t *oder* d	Han ___	Sie hielt eine Tasse in der … .
4.	i *oder* ie g *oder* k	fl ___ ___ t	Der Vogel … weg.
5.	äh *oder* ä *oder* e	___ nlich	Er sieht seinem Bruder sehr … .
6.	s *oder* ss *oder* ß	grü ___ en	Die Nachbarn … uns freundlich.
7.	i *oder* ie	t ___ f	Der Fluss ist hier sehr … .
8.	U *oder* Uh	___ r	Es ist genau zehn … .
9.	k *oder* g	re ___ net	Es … vom Himmel herab.
10.	mm *oder* m	schwi ___ en	Die Fische … im Teich.
11.	p *oder* b	gel ___	Das Auto war … .
12.	ei *oder* eih	R ___ e	Wer ist jetzt an der …?
13.	i *oder* ie ß *oder* s *oder* ss	schl ___ ___ en	Sie … die Türen zu.

Name: 2. Einüben der nächsten 200 häufigsten Fehlerwörter

Übung 2 Gegenseitig diktieren

1. Am Himmel fliegt ein Flugzeug. *fliegt, fliegt* 2. Es bestand keine Gefahr. *Gefahr, Gefahr* 3. Bitte grüßen Sie Frau Meier. *grüßen, grüßen* 4. Ich glaube nicht, dass es bald regnen wird. *regnen, regnen* 5. Zwillinge sind sich oft ähnlich. *ähnlich, ähnlich* 6. Sie schwimmen durch das Becken. *schwimmen, schwimmen* 7. Bananen sind gelb. *gelb, gelb* 8. Sie stoßen ihn ins Wasser. *stoßen, stoßen* 9. Der See ist nicht sehr tief. *tief, tief* 10. Meine Uhr ging nach. *Uhr, Uhr* 11. Sie nahm den Koffer in die Hand. *Hand, Hand* 12. Sie schließen das Tor schon sehr früh. *schließen, schließen* 13. Sie stellten sich in einer Reihe auf. *Reihe, Reihe*	1. Er sieht so ähnlich aus wie du. *ähnlich, ähnlich* 2. Er gab mir sofort die Hand. *Hand, Hand* 3. Der Vogel fliegt über das Haus. *fliegt, fliegt* 4. Die Kinder grüßen die Erwachsenen. *grüßen, grüßen* 5. Sie möchten sich vor der Gefahr schützen. *Gefahr, Gefahr* 6. Viele Tiere können schwimmen. *schwimmen, schwimmen* 7. Der Graben war ziemlich tief. *tief, tief* 8. Er wurde ganz gelb im Gesicht. *gelb, gelb* 9. Sie stoßen ihn von der Brücke. *stoßen, stoßen* 10. Jetzt sind wir an der Reihe. *Reihe, Reihe* 11. Es hört auf zu regnen. *regnen, regnen* 12. Bald schließen sie die Türen ab. *schließen, schließen* 13. Es ist genau zehn Uhr. *Uhr, Uhr*

Schülerarbeitsblätter

Übung 3 Rätsel mit Bild

Der Spatz fl-gt (ie = 17 *oder* i = 29) weg.
Es bestand keine Gef-r (a = 36 *oder* ah = 23).
Sie sto-en (s = 28 *oder* ss = 41 *oder* ß = 19) ihn ins Schwimmbecken.
Der große Junge hat eine kleine Kartoffel in der Han- (t = 25 *oder* d = 5).
Ich stand in der letzten R-e (eih = 31 *oder* ei = 8).
Sie schlie-en (ss = 21 *oder* s = 39 *oder* ß = 55) die Tür ab.
Der Brunnen ist ganz t-f (i = 52 *oder* ie = 10).
Sie schaute auf die -r (U = 4 *oder* Uh = 7).
Ich glaube, nächste Woche wird es bestimmt wieder re-nen (k = 1 *oder* g = 32).
Sie grü-en (ß = 58 *oder* s = 16 *oder* ss = 12) uns freundlich.
Wir schwi-en (mm = 43 *oder* m = 44) gern im See.
Zitronen sind gel- (b = 48 *oder* p = 14).

Mein Bruder sieht so -nlich (äh = 30 *oder* eh = 26) aus wie ich.
Die Jungen -oßen (st = 15 *oder* scht = 49) ihn in den Graben.
Sie schl-ßen (ie = 61 *oder* i = 42) ihre Augen.
Sie flie-t (g = 40 *oder* k = 54) mit dem Flugzeug.

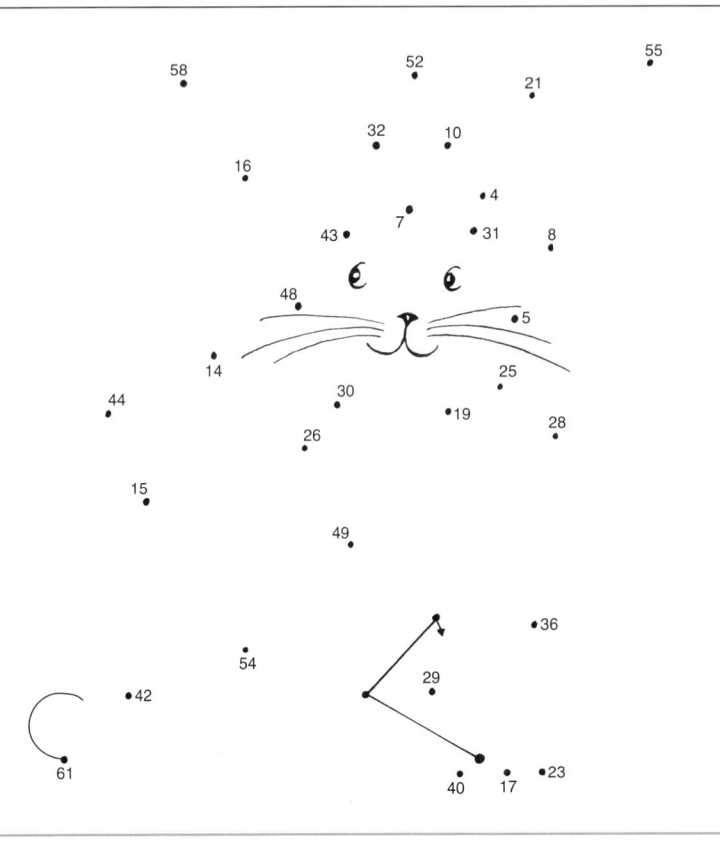

Name:

2. Einüben der nächsten 200 häufigsten Fehlerwörter

Teil B: Wort 214 bis 225

Übung 1   Wörter raten und aufschreiben

1.	tt *oder* t	Be ___	Er lag um elf Uhr noch im … .
2.	e *oder* ä	___ rgern	Warum … sie uns andauernd?
3.	st *oder* scht k *oder* ck	___ e ___ en	Die Rüben … im Boden.
4.	i *oder* ie ß *oder* s *oder* ss	g ___ ___ en	Sie … die Blumen auf dem Balkon.
5.	ä *oder* e	___ ngstlich	Das Häschen schaute uns … an.
6.	Schp *oder* Sp ß *oder* ss *oder* s	___ a ___	Das Spiel macht großen … .
7.	ah *oder* a	bez ___ len	Wir müssen die Kartoffeln noch … .
8.	f *oder* v ie *oder* i	___ erb ___ ten	Sie wollen uns das Spielen … .
9.	s *oder* ss *oder* ß	fra ___	Der Bär … den Honig.
10.	k *oder* ck	Schre ___	Vor … konnte er sich nicht bewegen.
11.	z *oder* tz	Ka ___ e	Auf dem Baum sitzt eine … .
12.	eh *oder* ee *oder* e	Id ___	Das war eine sehr gute … .

Schülerarbeitsblätter

Name:

2. Einüben der nächsten 200 häufigsten Fehlerwörter

Übung 2 Gegenseitig diktieren

1. Wo stecken denn deine Freunde? *stecken, stecken* 2. Das Wandern machte ihnen großen Spaß. *Spaß, Spaß* 3. Sie möchten uns wieder ärgern. *ärgern, ärgern* 4. Hast du schon dein Bett gemacht? *Bett, Bett* 5. Sie bezahlen ihre Schulden. *bezahlen, bezahlen* 6. Wir müssen die Pflanzen noch gießen. *gießen, gießen* 7. Er hat sich von dem Schreck schon wieder erholt. *Schreck, Schreck* 8. Seine Idee war wirklich nicht neu. *Idee, Idee* 9. Mäuse haben Angst vor Katzen. *Katzen, Katzen* 10. Das Pferd fraß den Hafer. *fraß, fraß* 11. Sie wollen uns fast alles verbieten. *verbieten, verbieten* 12. Das kleine Reh war ganz ängstlich. *ängstlich, ängstlich*	1. Nach der Schule ärgern sie uns immer. *ärgern, ärgern* 2. Unter dem Bett lag ein Koffer. *Bett, Bett* 3. Sie gießen den Eimer aus. *gießen, gießen* 4. Nach dem Schreck muss ich mich erst einmal setzen. *Schreck, Schreck* 5. Sei doch nicht so ängstlich. *ängstlich, ängstlich* 6. Wir bezahlen es später. *bezahlen, bezahlen* 7. Der Hund fraß das Fleisch. *fraß, fraß* 8. Sie verbieten uns, auf dem Hof zu spielen. *verbieten, verbieten* 9. Er schlich leise wie eine Katze. *Katze, Katze* 10. Die Rüben stecken noch in der Erde. *stecken, stecken* 11. Das war meine Idee. *Idee, Idee* 12. Das hat uns keinen Spaß gemacht. *Spaß, Spaß*

Schülerarbeitsblätter

Übung 3 Rätsel mit Bild

Sie gie-en (s = 5 oder ss = 40 oder ß = 2) die Kanne aus.
Die kleinen, schwarzen Schäfchen waren alle ganz -ngstlich (ä = 29 oder e = 7).
Das kleine Mädchen möchte in einem riesigen Be- (t = 20 oder tt = 53) schlafen.
Sie -erbieten (f = 39 oder v = 42) den Kindern, auf dem Hof zu spielen.
Die Rüben -ecken (scht = 36 oder st = 25) im Boden.
Sie hörte eine Ka-e (tz = 18 oder z = 23) miauen.
Das ist seine beste Id- (ee = 24 oder e = 47 oder eh = 31).
Das Spiel hat -aß (Schp = 12 oder Sp = 11) gemacht.
Er hat sich von seinem Schre- (ck = 9 oder k = 8) erholt.
Der Hund fra- (ß = 16 oder s = 61 oder ss = 60) das Fleisch.

Heute g-ßen (i = 49 oder ie = 59) wir die Blumen.
Bitte bez-len Sie (ah = 62 oder a = 57) an der Kasse.
Sie -rgern sich (e = 46 oder ä = 3) oft.
Wir hatten viel Spa- (ss = 54 oder s = 35 oder ß = 34).
Sie ste-en (k = 39 oder ck = 44) im Schlamm fest.
Wer soll uns das verb-ten (i = 38 oder ie = 14)?

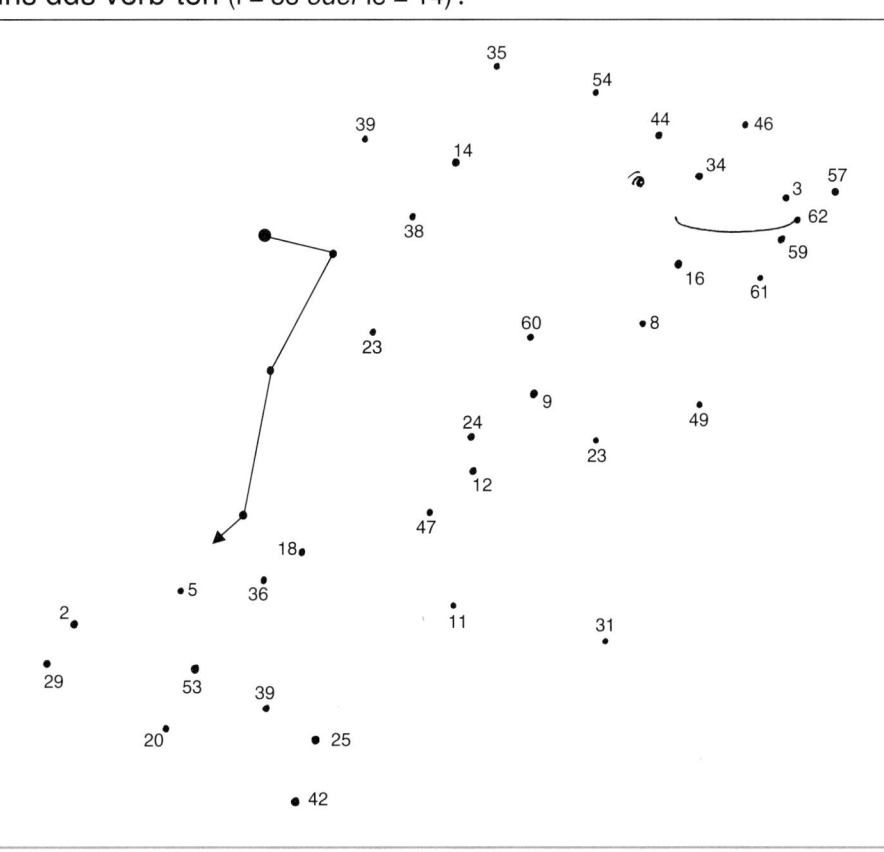

2. Einüben der nächsten 200 häufigsten Fehlerwörter

Teil A: Wort 226 bis 238

Übung 1 Wörter raten und aufschreiben

1.	o *oder* oh	w ___ nen	Sie … in einem neuen Haus.
2.	ie *oder* i	Fr ___ den	Wir möchten in … leben.
3.	m *oder* mm	Hi ___ el	Am … sah man eine weiße Wolke.
4.	ä *oder* e *oder* äh	erz ___ len	Sie … lustige Geschichten.
5.	g *oder* k *oder* ch	richti ___	Die Aufgabe war … gelöst.
6.	ss *oder* ß *oder* s	Ta ___ e	Ich möchte eine … heiße Milch.
7.	d *oder* t	Gel ___	Sie verdient viel … .
8.	i *oder* ie	schr ___	Der Junge … um Hilfe.
9.	uh *oder* u k *oder* ch *oder* g	r ___ i ___	Alle waren aufgeregt, nur ich war … .
10.	ß *oder* s *oder* ss	pa ___ en	Die Stiefel … mir nicht.
11.	ck *oder* k	schi ___ en	Sie … die Kinder in den Garten.
12.	i *oder* ie	Br ___ f	Meine Freundin schrieb mir einen … .
13.	l *oder* ll ch *oder* g *oder* k	bi ___ i ___	Das Hemd war ganz … .

Schülerarbeitsblätter

2. Einüben der nächsten 200 häufigsten Fehlerwörter

Übung 2 — Gegenseitig diktieren

1. Die Antwort war nicht richtig.
   richtig, richtig
2. Wir schauten zum Himmel hinauf.
   Himmel, Himmel
3. Das Gegenteil von Krieg ist Frieden.
   Frieden, Frieden
4. Sie erzählen lustige Geschichten.
   erzählen, erzählen
5. Ich glaube, die Schuhe passen dir nicht.
   passen, passen
6. Sie verdienen eine Menge Geld.
   Geld, Geld
7. Er schrie mich an.
   schrie, schrie
8. Sie schicken die Kinder in ihr Zimmer.
   schicken, schicken
9. Die Tomaten sind heute sehr billig.
   billig, billig
10. Ich muss die Tasse noch spülen.
    Tasse, Tasse
11. Im Briefkasten steckt ein Brief.
    Brief, Brief
12. Wir wohnen in einem alten, schönen Haus.
    wohnen, wohnen
13. Er saß ganz ruhig in seinem Sessel.
    ruhig, ruhig

1. Sie schrie laut auf.
   schrie, schrie
2. Wir erzählen euch gleich, was wir erlebt haben.
   erzählen, erzählen
3. Die Hemden sind so billig wie noch nie.
   billig, billig
4. Das hast du nicht richtig verstanden.
   richtig, richtig
5. Sie schreibt gerade einen Brief.
   Brief, Brief
6. Am Himmel kreiste ein Segelflugzeug.
   Himmel, Himmel
7. Sie wohnen direkt neben uns.
   wohnen, wohnen
8. Lasst uns endlich in Frieden.
   Frieden, Frieden
9. Er trank eine Tasse Kaffee.
   Tasse, Tasse
10. Wo ist mein Geld?
    Geld, Geld
11. Auf der Straße war es ziemlich ruhig.
    ruhig, ruhig
12. Wir schicken unserer Oma ein Päckchen.
    schicken, schicken
13. Die beiden Jungen passen gut zusammen.
    passen, passen

Schülerarbeitsblätter

Übung 3 Rätsel mit Bild

Er schr- (i = 60 *oder* ie = 43) mich an.
Der Anzug ist wirklich bi-ig (l = 30 *oder* ll = 13).
Sie erz-len (eh = 14 *oder* äh = 57) gern Märchen.
Sie schi-en (ck = 36 *oder* k = 59) ihn nach Hause.
Der Mann holte das Gel- (t = 19 *oder* d = 33) aus seiner Tasche.
Sie möchte eine Ta-e (ß = 42 *oder* ss = 37 *oder* s = 23) Tee.
Wir w-nen (oh = 21 *oder* o = 62) am Rand der Stadt.
Sie saß ruhi- (k = 43 *oder* g = 26 *oder* ch = 19) auf ihrem Platz.
Die Socken pa-en (s = 61 *oder* ß = 43 *oder* ss = 51) mir.
Im Fr-den (ie = 4 *oder* i = 9) ging es ihnen gut.

Die Aufgaben sind richti- (g = 47 *oder* ch = 8 *oder* k = 46) gelöst.
Am Hi-el (mm = 28 *oder* m = 64) war eine Wolke.
Der Br-f (i = 5 *oder* ie = 45) kam zu spät.
Im Haus war es r-ig (uh = 1 *oder* u = 6).
Sie kauften die Socken billi- (ch = 25 *oder* k = 52 *oder* g = 54) ein.

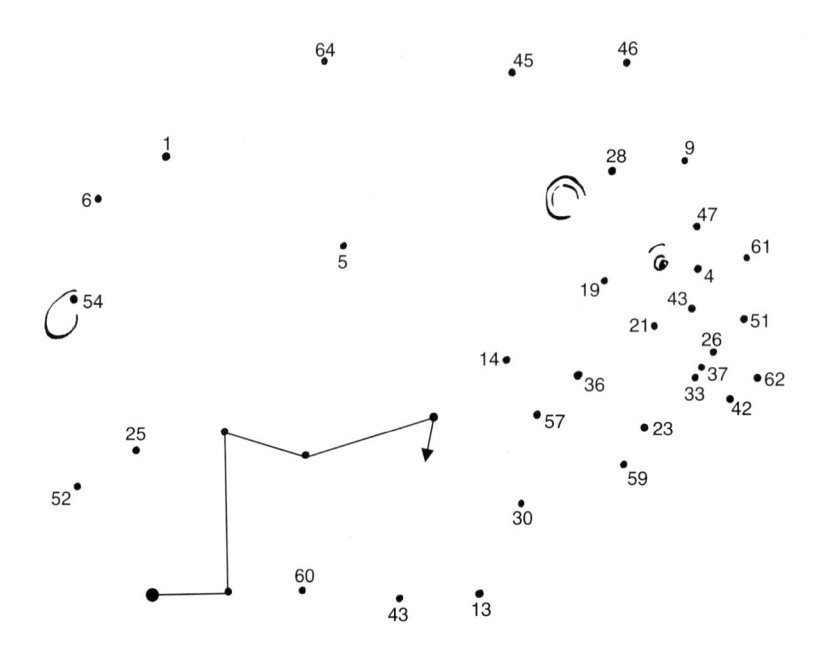

Name:

2. Einüben der nächsten 200 häufigsten Fehlerwörter

Teil B: Wort 239 bis 250

Übung 1   Wörter raten und aufschreiben

1.	ie *oder* i k *oder* g	l ___ ___ t	Er … im Bett.
2.	ss *oder* ß *oder* s	Schlo ___	Der Dieb brach das … auf.
3.	eh *oder* äh	gef ___ rlich	Wilde Tiere sind … .
4.	n *oder* nn	So ___ e	Heute scheint die … .
5.	tt *oder* t	kle ___ ern	Sie … die Bäume hinauf.
6.	s *oder* ss *oder* ß	na ___	Wenn es regnet, wird es … .
7.	ie *oder* i	T ___ r	Der Mensch unterscheidet sich vom … .
8.	d *oder* t	eigen ___ lich	Woher weißt du das …?
9.	St *oder* Scht ll *oder* l	___ e ___ e	An dieser … ist es passiert.
10.	üh *oder* ü	M ___ e	Bei der Aufgabe gaben sie sich große … .
11.	s *oder* ss *oder* ß	aufpa ___ en	Im Unterricht sollen wir … .
12.	z *oder* ts g *oder* k	Gebur ___ ta ___	Zu seinem … bekam er viele Geschenke.

Schülerarbeitsblätter

Name:

2. Einüben der nächsten 200 häufigsten Fehlerwörter

Übung 2 Gegenseitig diktieren

1. Der Tisch ist ganz nass. *nass, nass*	1. Die Sonne brannte vom Himmel. *Sonne, Sonne*
2. Die Fahrt über das Meer war früher gefährlich. *gefährlich, gefährlich*	2. Sie steckte den Schlüssel in das Schloss. *Schloss, Schloss*
3. Die Stadt liegt an einem Fluss. *liegt, liegt*	3. In der Höhle lebt ein großes Tier. *Tier, Tier*
4. Die Sonne wirft lange Schatten. *Sonne, Sonne*	4. Wie heißt der Junge eigentlich? *eigentlich, eigentlich*
5. Wir gaben uns alle große Mühe. *Mühe, Mühe*	5. Der Boden war nass. *nass, nass*
6. Die reiche Familie wohnt in einem Schloss. *Schloss, Schloss*	6. Er liegt gern am Strand. *liegt, liegt*
7. Was ist das für ein Tier? *Tier, Tier*	7. Die Männer lebten gefährlich. *gefährlich, gefährlich*
8. Sie klettern auf einen Baum. *klettern, klettern*	8. An welcher Stelle hast du aufgehört zu lesen? *Stelle, Stelle*
9. Es war eigentlich schon zu spät. *eigentlich, eigentlich*	9. Warum gibst du dir keine Mühe? *Mühe, Mühe*
10. Wir müssen gut auf ihn aufpassen. *aufpassen, aufpassen*	10. Ich freue mich auf meinen Geburtstag. *Geburtstag, Geburtstag*
11. Ich habe bald Geburtstag. *Geburtstag, Geburtstag*	11. Wir sollen auf die kleinen Hunde aufpassen. *aufpassen, aufpassen*
12. An welcher Stelle hast du ihn gesehen? *Stelle, Stelle*	12. Sie klettern den steilen Berg hinauf. *klettern, klettern*

Übung 2

Schülerarbeitsblätter

Name:

2. Einüben der nächsten 200 häufigsten Fehlerwörter

Übung 3 Rätsel mit Bild

Das Schlo- (ß = 17 *oder* ss = 52 *oder* s = 58) war kaputt.
In der Höhle lebt ein T-r (i = 25 *oder* ie = 11).
Er freut sich auf seinen Gebur-tag (ts = 46 *oder* z = 19).
Der Mann lebt gef-rlich (äh = 60 *oder* eh = 3).
An dieser -elle (St = 27 *oder* Scht = 51) haben wir gebadet.
Die Kinder wünschen sich in den großen Ferien viel So-e (n = 14 *oder* nn = 6).
Er lie-t (g = 30 *oder* k = 45) auf einer neuen Luftmatratze.
Sie kle-ern (t = 59 *oder* tt = 22) die steile Felswand hinauf.
Wir gaben uns große M-e (üh = 49 *oder* ü = 7).
Seine Haare waren na- (s = 15 *oder* ß = 53 *oder* ss = 39).

— — — — — — — — — — — — — — — — — — — —

Das Dorf l-gt (i = 62 *oder* ie = 20) an einem Fluss.
An welcher Ste-e (ll = 35 *oder* l = 37) steht das Haus?
Wann hast du Geburtsta- (k = 48 *oder* g = 8)?
Was hat er eigen-lich (d = 57 *oder* t = 56) gemeint?
Er soll gut aufpa-en (ss = 38 *oder* ß = 28 *oder* s = 12).

Schülerarbeitsblätter

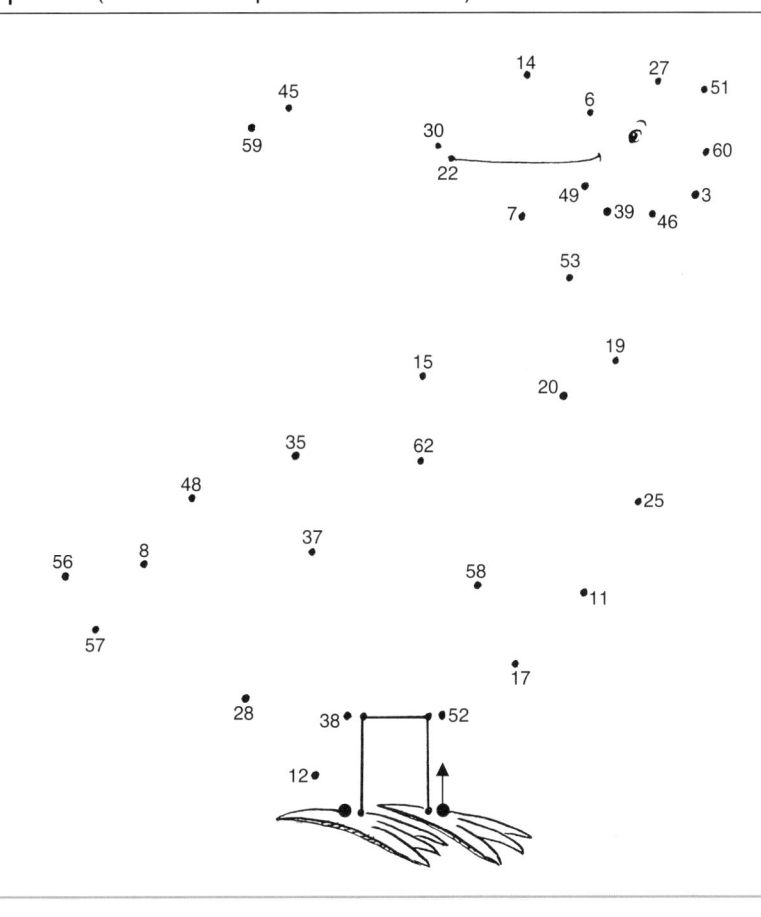

Name:

2. Einüben der nächsten 200 häufigsten Fehlerwörter

Teil A: Wort 251 bis 263

Übung 1 Wörter raten und aufschreiben

1.	g *oder* k *oder* ch	hungri ___	Arbeit macht … .
2.	e *oder* eh	F ___ ler	Er bemerkte seinen … nicht.
3.	s *oder* ß *oder* ss	sa ___	Er … hinter seinem Schreibtisch.
4.	ck *oder* k	schme ___ en	Mir … die Erdbeeren sehr gut.
5.	ß *oder* ss *oder* s	rei ___ en	Sie … die Pflanzen mit der Wurzel aus.
6.	i *oder* ie ch *oder* g *oder* k	schw ___ ri ___	Die Aufgabe war nicht … .
7.	gar: *zusammen oder getrennt*	___ kein	Sie hatte … Glück.
8.	m *oder* mm	sa ___ eln	Sie … im Wald Heidelbeeren.
9.	ee *oder* eh *oder* e	l ___ r	Die Briefkasten war … .
10.	tz *oder* z	se ___ en	Sie … sich auf ihre Stühle.
11.	je *oder* ie	Fer ___ n	In den … fahren sie nach Italien.
12.	ss *oder* s *oder* ß	blo ___	Wo hat sie sich … versteckt?
13.	eh *oder* e	dr ___ en	Sie … sich nach uns um.

Schülerarbeitsblätter

Name:

2. Einüben der nächsten 200 häufigsten Fehlerwörter

Übung 2   Gegenseitig diktieren

1. Die Bananen schmecken gut.
   schmecken, schmecken
2. Er saß in der Ecke.
   saß, saß
3. Es war schwierig, sie zu finden.
   schwierig, schwierig
4. Ich habe keinen Fehler gefunden.
   Fehler, Fehler
5. Wir sammeln seit Langem Briefmarken.
   sammeln, sammeln
6. Er hat gar kein Auto.
   gar kein, gar kein
7. Sie setzen sich auf ihre Plätze.
   setzen, setzen
8. Die Stricke reißen gleich.
   reißen, reißen
9. Die Tiere sind hungrig.
   hungrig, hungrig
10. Die Tüte ist leer.
    leer, leer
11. Die großen Ferien dauern sechs Wochen.
    Ferien, Ferien
12. Sie drehen sich nach uns um.
    drehen, drehen
13. Wie hast du das bloß gemacht?
    bloß, bloß

1. Er hat seinen Fehler zugegeben.
   Fehler, Fehler
2. Es ist schwierig, ihn zu verstehen.
   schwierig, schwierig
3. Die Kinder sammeln Muscheln.
   sammeln, sammeln
4. Er ist gar kein Freund von mir.
   gar kein, gar kein
5. Sie saß neben mir.
   saß, saß
6. Himbeeren schmecken mir nicht.
   schmecken, schmecken
7. Das Glas war leer.
   leer, leer
8. Bald sind wieder Ferien.
   Ferien, Ferien
9. Sie drehen die Seite um.
   drehen, drehen
10. Er hat mich bloß nicht gesehen.
    bloß, bloß
11. Sie setzen sich auf die Treppenstufen.
    setzen, setzen
12. Am Abend waren wir alle sehr hungrig.
    hungrig, hungrig
13. Die ängstlichen Tiere reißen aus.
    reißen, reißen

Schülerarbeitsblätter

Name:

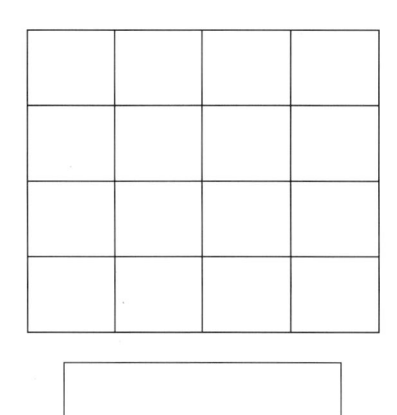

2. Einüben der nächsten 200 häufigsten Fehlerwörter

Übung 3 Bingo

		Verbesserung
1. Mir schme-en (ck *oder* k) die Birnen nicht.		
2. Es war sehr schw-ri- (i *oder* ie, g *oder* ch *oder* k), die Geschichte zu verstehen.		
3. Sie sa- (ss *oder* ß *oder* s) auf dem Platz hinter mir.		
4. Er hat keinen - -ler (F *oder* f, e *oder* eh) gefunden.		
5. Am Meer sa-eln (m *oder* mm) viele Urlauber Muscheln.		
6. Er hatte (gar)(kein) (getrennt *oder* zusammen) Glück beim Spiel.		
7. Seine Taschen waren vollkommen l-r (eh *oder* ee *oder* e).		
8. Sie rei-en (s *oder* ss *oder* ß) eine Seite aus ihrem Heft.		
9. Die Kinder se _ en (z *oder* tz) sich an den Tisch.		
10. In den -er-n (f *oder* F, ie *oder* je) gehen wir oft schwimmen.		
11. Nach der Arbeit waren sie hungri- (g *oder* ch).		
12. Wie hat sie das blo- (ß *oder* s *oder* ss) geschafft?		
13. Sie dr-en (e *oder* eh) sich im Kreis herum.		

Schülerarbeitsblätter

Teil B: Wort 264 bis 275

Übung 1 — Wörter raten und aufschreiben

1.	f *oder* v	da __ on	Mir hat er … nichts gesagt.
2.	st *oder* scht m *oder* mm	be __ i __ t	Sie ist … gleich wieder da.
3.	äh *oder* eh	w __ len	Sie … den kürzesten Weg.
4.	ie *oder* i	Pap __ r	Er schrieb etwas auf ein Stück … .
5.	ll *oder* l	gefa __ en	Mir … Tierfilme ganz besonders gut.
6.	P *oder* p aa *oder* a *oder* ah	__ __ r	Tim und Eva sind ein … .
7.	i *oder* ie	geschr __ ben	Sie hat mir einen Brief … .
8.	ck *oder* k	di __	Das Nilpferd war ziemlich … .
9.	t *oder* d	run __	Der Baumstamm war ganz … .
10.	St *oder* Scht ah *oder* aa *oder* a	__ __ t	Jeder … hat eine Regierung.
11.	pp *oder* p	Su __ e	Sie löffelte die … aus.
12.	t *oder* d	Freun __	Auf meinen … kann ich mich verlassen.

Übung 2 — Gegenseitig diktieren

1. Das Lied hat mir sehr gut gefallen. *gefallen, gefallen*	1. Das hat er bestimmt nicht gewusst. *bestimmt, bestimmt*
2. Sie wählen sich einige Bücher aus. *wählen, wählen*	2. Ich brauche noch ein paar Glühbirnen. *paar, paar*
3. Im Garten stehen ein paar Bäume. *paar, paar*	3. Das hat er nun davon. *davon, davon*
4. Hast du auch davon gehört? *davon, davon*	4. Wo ist dein Freund hingegangen? *Freund, Freund*
5. Ich komme bestimmt zurück. *bestimmt, bestimmt*	5. Die Schüler wählen einen Klassensprecher. *wählen, wählen*
6. Sie legt Papier in den Drucker ein. *Papier, Papier*	6. Der Lehrer hat einen Satz an die Tafel geschrieben. *geschrieben, geschrieben*
7. Das Brett ist nicht dick genug. *dick, dick*	7. Uns gefallen die Geschichten nicht. *gefallen, gefallen*
8. Mein Freund und ich gehen in dieselbe Klasse. *Freund, Freund*	8. Der Kreis, den er gemalt hat, ist nicht ganz rund. *rund, rund*
9. Sie mag ihre Suppe nicht. *Suppe, Suppe*	9. Jeder Staat hat eine Regierung. *Staat, Staat*
10. In jedem Staat gibt es eine Hauptstadt. *Staat, Staat*	10. Sie hat die Suppe ganz ausgelöffelt. *Suppe, Suppe*
11. Er hat ein neues Buch geschrieben. *geschrieben, geschrieben*	11. Das Rohr ist zu dick. *dick, dick*
12. Der Platz mitten im Dorf ist rund. *rund, rund*	12. Gib mir bitte ein Blatt Papier! *Papier, Papier*

Name:

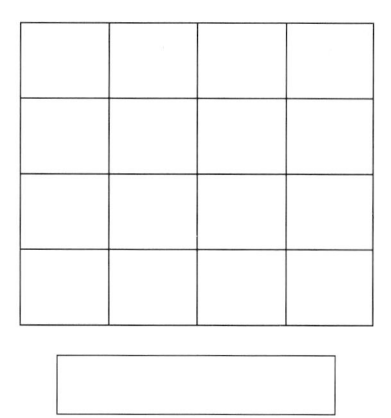

2. Einüben der nächsten 200 häufigsten Fehlerwörter

Übung 3 Bingo

	Verbesserung
1. Im Wald sahen wir ein - -r (p *oder* P, aa *oder* ah) Rehe.		
2. Ich habe da-on (v *oder* f) noch nie etwas gehört.		
3. Der Film wird euch sicherlich gefa-en (l *oder* ll).		
4. Der kleine Johann ist schon lange mein -reun- (f *oder* F, d *oder* t).		
5. Wen w-len (eh *oder* äh) sie zum Sportler des Jahres?		
6. Sie hat eine sehr lange Geschichte geschr-ben (ie *oder* i).		
7. Der Hund meiner Tante ist viel zu di- (ck *oder* k).		
8. Das werde ich besti-t (m *oder* mm) nicht vergessen.		
9. In welchem - -t (St *oder* Scht, a *oder* ah *oder* aa) gibt es eine Königin?		
10. Das Gesicht des kleinen Jungen ist ganz run- (d *oder* t).		
11. Sie wickelt das Geschenk in buntes Pap-r (ie *oder* i) ein.		
12. Am Montag hat sie eine sehr gute -u-e (S *oder* s, p *oder* pp) gekocht.		

Schülerarbeitsblätter

Teil A: Wort 276 bis 288

Übung 1 — Wörter raten und aufschreiben

1.	u *oder* uh	Sch ___	Sie probierte den linken … an.
2.	s *oder* ss *oder* ß	me ___ en	Sie … die Länge und Breite des Feldes.
3.	tz *oder* z	tro ___ dem	Ich habe ihm … geglaubt.
4.	k *oder* ck	Ja ___ e	Er zog schnell seine … an.
5.	d *oder* t	jeman ___	Draußen wartet … auf euch.
6.	s *oder* ss *oder* ß	be ___ er	Jan kann … singen als Kurt.
7.	i *oder* ie b *oder* p	sch ___ ___ t	Er … sein Fahrrad über den holprigen Weg.
8.	o *oder* oh	bel ___ nen	Wir werden sie für ihre gute Tat … .
9.	d *oder* t	Klei ___	Sie kaufte sich ein neues … .
10.	ä *oder* e	___ lter	Inge ist … als ihre Schwester.
11.	ss *oder* ß *oder* s	Kla ___ e	Die ganze … freut sich auf den Ausflug.
12.	t *oder* d	gesun ___	Obst und Gemüse sind … .
13.	v *oder* f	___ orbei	Sie gingen am Haus … .

Name:

2. Einüben der nächsten 200 häufigsten Fehlerwörter

Übung 2   Gegenseitig diktieren

1. Hast du jemand auf der Straße getroffen? *jemand, jemand* 2. Es ist besser, es zu versuchen. *besser, besser* 3. Sie belohnen uns dafür. *belohnen, belohnen* 4. Er kommt trotzdem nicht mit. *trotzdem, trotzdem* 5. Deine Jacke ist mir zu kurz. *Jacke, Jacke* 6. Sie schiebt den Kinderwagen. *schiebt, schiebt* 7. Sie messen die Länge des Baumstamms. *messen, messen* 8. Sie probierte den Schuh an. *Schuh, Schuh* 9. Gemüse ist gesund. *gesund, gesund* 10. Wir werden immer älter. *älter, älter* 11. In unserer Klasse sind Mädchen und Jungen. *Klasse, Klasse* 12. Ich komme gleich bei euch vorbei. *vorbei, vorbei* 13. Das Kleid passte ihr nicht. *Kleid, Kleid*	1. Sie haben es verdient, dass wir sie belohnen. *belohnen, belohnen* 2. Sie messen, wie lang und breit der Tisch ist. *messen, messen* 3. Er schiebt sein Fahrrad nach Hause. *schiebt, schiebt* 4. Er zog die warme Jacke an. *Jacke, Jacke* 5. Sie hat es besser gewusst als er. *besser, besser* 6. Er band sich den Schuh zu. *Schuh, Schuh* 7. Der Film ist gleich vorbei. *vorbei, vorbei* 8. Ich glaube, jemand hat an die Tür geklopft. *jemand, jemand* 9. Bist du älter als ich? *älter, älter* 10. Sie nähte sich ein neues Kleid. *Kleid, Kleid* 11. Sie haben trotzdem gelacht. *trotzdem, trotzdem* 12. Die Schüler gehen in ihre Klasse. *Klasse, Klasse* 13. Er lebt ganz gesund. *gesund, gesund*

Schülerarbeitsblätter

Name:

2. Einüben der nächsten 200 häufigsten Fehlerwörter

Übung 3   Bingo

	Verbesserung
1. Sie me-en (ss *oder* s *oder* ß) die Höhe der Wand.	
2. Er sch- -t (i *oder* ie, p *oder* b) den Teller zur Seite.	
3. Zieh dir bitte deine Ja-e (k *oder* ck) an!	
4. Wir werden unsere Freunde für ihren Mut bel-nen (o *oder* oh).	
5. Gestern hat es be-er (ß *oder* s *oder* ss) geklappt.	
6. Sie hängt ihr Klei- (t *oder* d) in den Schrank.	
7. Er sucht überall seinen zweiten Sch- (uh *oder* u).	
8. Die Schmerzen gingen sehr schnell -orbei (f *oder* v).	
9. Sehr viel Fleisch zu essen, ist nicht gesun- (t *oder* d).	
10. Mein Bruder ist -lter (ä *oder* e) als ich.	
11. In unserer Kla-e (s *oder* ss *oder* ß) ist es manchmal laut.	
12. Es hat lange gedauert, aber es war tro-dem (tz *oder* z) nicht langweilig.	
13. Dicht hinter dem Jungen stand jeman- (d *oder* t).	

Schülerarbeitsblätter

Teil B: Wort 289 bis 300

Übung 1   Wörter raten und aufschreiben

1.	schp *oder* sp ä *oder* e	___ ___ t	Sie gingen erst ... am Abend ins Bett.
2.	d *oder* t	Bil ___	Sie malte ein sehr schönes ... .
3.	f *oder* v ß *oder* s *oder* ss	___ erge ___ en	Ich habe das Gedicht ... .
4.	da: *zusammen oder getrennt*	___ bei	Er hat sich nichts ... gedacht.
5.	i *oder* ie	prob ___ ren	Sie ... von der Suppe.
6.	e *oder* ä	___ ndern	Daran kann man nichts ... .
7.	k *oder* ck	erschra ___	Als der Hund bellte, ... er.
8.	ss *oder* ß *oder* s	Schlu ___	Zum ... waren alle einverstanden.
9.	nn *oder* n	ne ___ en	Sie ... ihn Jockel.
10.	tt *oder* t	sa ___	Wenn man viel isst, wird man ... .
11.	f *oder* pf	schim ___ en	Sie ... ihn aus, weil er so frech ist.
12.	a *oder* ah *oder* aa	n ___	Das Tier kam ganz ... an uns heran.

Schülerarbeitsblätter

| **Name:** | **2. Einüben der nächsten 200 häufigsten Fehlerwörter** |

Übung 2 Gegenseitig diktieren

1. Er hat fast alles vergessen. *vergessen, vergessen*	1. Nach dem Essen waren alle satt. *satt, satt*
2. Sie probieren, wie es geht. *probieren, probieren*	2. Sie hängen ein Bild auf. *Bild, Bild*
3. Ich habe gerade ein Bild gemalt. *Bild, Bild*	3. Sie ändern schnell ihre Meinung. *ändern, ändern*
4. Bist du schon satt? *satt, satt*	4. Das darfst du nicht vergessen. *vergessen, vergessen*
5. Er kam erst spät nach Hause. *spät, spät*	5. Heute essen wir erst spät. *spät, spät*
6. Er versuchte, sich zu ändern. *ändern, ändern*	6. Wir haben ihn dabei beobachtet. *dabei, dabei*
7. Sie nennen ihn Fredi. *nennen, nennen*	7. Sie erschrak, als es donnerte. *erschrak, erschrak*
8. Warum muss er immer schimpfen? *schimpfen, schimpfen*	8. Macht endlich Schluss mit dem Lärm! *Schluss, Schluss*
9. Sie erschrak, als sie ihn sah. *erschrak, erschrak*	9. Sie schimpfen den Jungen aus. *schimpfen, schimpfen*
10. Zum Schluss haben es alle geglaubt. *Schluss, Schluss*	10. Der Hund kam mir ganz nah. *nah, nah*
11. Komm mir nicht zu nah! *nah, nah*	11. Sie nennen nicht ihre Namen. *nennen, nennen*
12. Er hat sich nichts dabei gedacht. *dabei, dabei*	12. Darf ich von der Suppe probieren? *probieren, probieren*

Schülerarbeitsblätter

Übung 3 Bingo

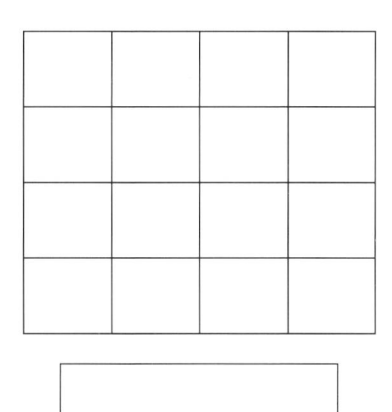

	Verbesserung	
1. Dein Bil- (d *oder* t) gefällt mir wirklich sehr gut.		
2. Sie -ndern (ä *oder* e) gleich die Richtung.		
3. Ich habe meinen alten Freund nicht -erge-en (f *oder* v, s *oder* ß *oder* ss).		
4. Die Kinder aßen von dem Kuchen, bis sie sa- (t *oder* tt) waren.		
5. Die Mädchen haben ihre Bücher nicht (da)(bei) (getrennt *oder* zusammen).		
6. Sie erschra- (ck *oder* k), als der riesige Mann auftauchte.		
7. Es war schon - -t (schp *oder* sp, ä *oder* e), als sie endlich kam.		
8. Wie ne-en (n *oder* nn) dich deine Freunde?		
9. Sie standen ganz n- (ah *oder* a) am Haus.		
10. Sie schim-en (f *oder* pf) ihn aus, weil er sie geärgert hat.		
11. Sie prob-ren (ie *oder* i) ein neues Rezept aus.		
12. Zum Schlu- (ss *oder* ß *oder* s) waren alle zufrieden.		

Schülerarbeitsblätter

Verben (Tunwörter) werden zu Nomen (Namenwörtern)

Verben (Tunwörter) erkennt man mit der Frage: „Kann man es tun?"

spielen

Kann man tun, Verb (Tunwort).

hoch

Kann man nicht tun, kein Verb (Tunwort).

Verben (Tunwörter) in verschiedenen Formen

Übung 1   Verben (Tunwörter) unterstreichen

schreiben, oft, arbeiten, niemand, spielen, singen, jetzt, lernen, lang, schief, denken

Infinitiv (Grundform)	konjugierte (gebeugte) Form
legen	(er) legt, (du) legst, (sie) legt, (er hat) gelegt
fliegen	(er) fliegt, (du) fliegst, (sie) fliegt, (er ist) geflogen

Ein Verb (Tunwort) in der Grundform erkennt man an der Endung „**en**".

Name:

3. Groß- und Kleinschreibung

Es gibt zwei Bedingungen, unter denen sich Verben (Tunwörter) in Nomen (Namenwörter) verwandeln.

1. Bedingung: Das Verb (Tunwort) muss im Infinitiv (in der Grundform) stehen.

Übung 2   Verben (Tunwörter) unterstreichen

Beispiel: ZUM <u>SPIELEN</u> <u>GEHT</u> SIE AUF DEN HOF.

1. SIE GEHT ZUM KÄMMEN INS BADEZIMMER.
2. SIE KAM VOM FEIERN NACH HAUSE.
3. MANCHMAL MACHT IHM DAS LERNEN KEINE FREUDE.
4. SIE SETZT SICH ZUM LESEN IN DEN SESSEL.
5. ER BRINGT DIE SCHWEINE ZUM WIEGEN.
6. ER HATTE GENUG VOM LAUFEN.

2. Bedingung: Vor dem Verb (Tunwort) muss einer der folgenden Begleiter stehen:

**das, ein, beim
am, zum, vom,
vor dem, nach dem**
oder
ein Adjektiv (Wiewort)
oder
ein Possessivpronomen (besitzanzeigendes Fürwort)

Possessivpronomen (besitzanzeigende Fürwörter) sind: **mein, dein, sein** usw.

Beispiel 1:   Er ist vom Singen ganz heiser.
Beispiel 2:   Manchmal ist schnelles Handeln notwendig.
Beispiel 3:   Mir ist sein Lachen sofort aufgefallen.
Beispiel 4:   Wir hörten den Jungen rufen.

Schülerarbeitsblätter

Name:

3. Groß- und Kleinschreibung

Übung 3 Die Verben (Tunwörter) im Infinitiv (in der Grundform) mit ihren Begleitern unterstreichen

Beispiel: ER WURDE <u>BEIM LÜGEN</u> ERTAPPT.

1. ER GEHT ZUM EINKAUFEN IN DAS KAUFHAUS HINEIN.
2. ER KAM VOM TURNEN.
3. SIE FÜLLTE DEN EIMER VOR DEM PUTZEN MIT WASSER.
4. SIE FREUTEN SICH AUF DAS TANZEN.
5. ICH ERKANNTE IHN AN SEINEM LACHEN.
6. NACH DEM LESEN WARF ER DIE ZEITUNG WEG.
7. IM NEBENZIMMER HÖRTE MAN EIN RUMPELN.
8. ER EMPFAHL UNS EIFRIGES SPAREN.

Übung 4 Groß oder klein?

Beispiel 1: Sie half uns beim (b/B) <u>B</u>acken.

Beispiel 2: Der Junge (l/L) <u>l</u>achte laut.

1. Er war vom (a/A) _____ rbeiten ziemlich müde.
2. Sie (l/L) _____ egt ihre Tasche auf den Tisch.
3. Ich erkannte ihn am (g/G) _____ rinsen.
4. Ihm fiel lautes (r/R) _____ eden sehr schwer.
5. Er (t/T) _____ rägt das Paket in den vierten Stock hinauf.
6. Im Wald hörte man ein (k/K) _____ rachen.
7. Der Junge (sp/Sp) _____ ringt über den Zaun.
8. Er wurde beim (sch/Sch) _____ lafen gestört.
9. Wir konnten sein (w/W) _____ einen nicht hören.
10. Er (r/R) _____ eitet auf einem großen Pferd.

74

Schülerarbeitsblätter

Name: 3. Groß- und Kleinschreibung

Übung 5 Verben (Tunwörter) im Infinitiv (in der Grundform) mit ihren Begleitern unterstreichen

1. DIE SCHÜLER GINGEN ZUM LERNEN IN DIE KLASSE.

2. ER STAND AM TOR UND WARTETE AUF UNS.

3. WIR WURDEN VON EINEM ZISCHEN GEWECKT.

4. WIR RANNTEN SO SCHNELL WIR KONNTEN ZUM AUSGANG.

5. ER KAM GERADE VOM DACHBODEN.

6. ER SCHAUTE BEIM DENKEN ZUR DECKE HINAUF.

7. HINTER DEM HAUS HÖRTE MAN LAUTES BELLEN.

8. NACH DEM WASCHEN GINGEN SIE ZU BETT.

9. SIE RANNTE ZUM TOR.

Übung 6 Anfangsbuchstaben-Übung

Beispiel: Sie nimmt zum Malen einen dicken Pinsel.

Wort	Schülerspruch
Sie	Satzanfang – groß. Man schreibt: S.
nimmt	nimmt, nehmen – Kann man tun, Verb (Tunwort). Man schreibt: n.
zum	Restwort. Man schreibt: z.
Malen	malen – Kann man tun, Verb (Tunwort). Es steht im Infinitiv (in der Grundform). Davor steht der Begleiter „zum". „Malen" ist hier ein Nomen (Namenwort), also groß. Man schreibt: M.
einen	Restwort. Man schreibt: e.
dicken	Wie ist es? dick – Adjektiv (Wiewort). Man schreibt: d.
Pinsel	der Pinsel – Nomen (Namenwort), groß. Man schreibt: P.

Adjektive (Wiewörter) werden zu Nomen (Namenwörtern)

Zur Erinnerung:

Adjektive (Wiewörter) erkennt man mit der Frage: „Wie ist es?"

klein

Wie ist es? klein – Adjektiv (Wiewort).

Übung 1   Adjektive (Wiewörter) unterstreichen

billig, gegen, frei, jetzt, klug, hart, leicht, nach, komisch, hinter, sonst, schlecht, nett

Es gibt zwei Möglichkeiten für die Verwandlung von Adjektiven (Wiewörtern) in Nomen (Namenwörter).

1. Möglichkeit

Vor dem Adjektiv (Wiewort) muss „**der, die, das**" oder „**ein**" stehen. Gleichzeitig darf hinter dem Adjektiv (Wiewort) **kein** Nomen (Namenwort) stehen.

Beispiel 1: Der Freche hielt eine Rede.   Beispiel 3: Der Junge war frech.
Beispiel 2: Vorn stand ein Frecher.   Beispiel 4: Der freche Junge stand auf.

Name: 3. Groß- und Kleinschreibung

Übung 2 Adjektive (Wiewörter) unterstreichen, die sich in Nomen (Namenwörter) verwandelt haben

Beispiel 1: IM AUTO SITZT <u>EIN KRANKER</u>.

Beispiel 2: IM AUTO SITZT EIN KRANKER MANN.

1. DER ZÄHE HIELT BIS ZUM SCHLUSS DURCH.

2. DIE TAPFERE FRAU HAT VIELE MENSCHEN GERETTET.

3. ICH WAR SCHON UM FÜNF UHR WACH.

4. DER KRANKE WURDE VON EINEM ARZT BEHANDELT.

5. SIE HARKTE DAS TROCKENE GRAS ZUSAMMEN.

6. DAS KANN NUR EIN STARKER SCHAFFEN.

7. SIE IST SCHON WIEDER ZU SPÄT GEKOMMEN.

8. IN DIE ENGE HÖHLE PASST NUR EIN KLEINER.

Übung 3 Groß oder klein?

1. Der (g/G) ____ eizige zählte sein Geld.

2. Der Stein war so (sch/Sch) ____ wer, dass ich ihn nicht aufheben konnte.

3. Für das Spiel suchten sie noch einen (g/G) ____ roßen.

4. Die (f/F) ____ aulen drückten sich vor der Arbeit.

5. Der (e/E) ____ hrliche ist manchmal der (d/D) ____ umme.

6. Sie schaute uns (f/F) ____ reundlich an.

7. Uns kam ein (f/F) ____ leißiger zu Hilfe.

8. Sie ließen den Vogel (f/F) ____ rei.

9. Auf das Haus soll ein (f/F) ____ laches Dach kommen.

3. Groß- und Kleinschreibung

Es gibt zwei Möglichkeiten, wie sich ein Adjektiv (Wiewort) in ein Nomen (Namenwort) verwandeln kann. Hier ist die zweite Möglichkeit.

> **2. Möglichkeit:**
>
> Vor dem Adjektiv (Wiewort) steht ein Mengenwort. Gleichzeitig darf **kein** Nomen (Namenwort) auf das Adjektiv folgen.
> Die wichtigsten Mengenwörter sind:
> **viel, wenig, alles,
> nichts, kein, etwas,
> allerlei, genug**

Beispiel 1: Sie hat wenig Schönes erlebt.
Beispiel 2: Was sie erlebt hat, war nicht schön.
Beispiel 3: Sie hat wenig schöne Tage erlebt.

Übung 4 — Adjektive (Wiewörter) unterstreichen, die sich in Nomen (Namenwörter) verwandelt haben

Beispiel 1: ER HAT <u>ETWAS</u> <u>KALTES</u> GETRUNKEN.
Beispiel 2: ER HAT ETWAS KALTE MILCH GETRUNKEN.

1. ÜBER IHN WIRD VIEL GUTES GESAGT.
2. DIE ÄPFEL WAREN SAUER.
3. DIE MÜDEN WANDERER MACHTEN RAST.
4. ES GIBT NUR WENIG KLUGE.
5. IN DER MANNSCHAFT WAR KEIN DICKER.
6. HAST DU GENUG FRISCHES EINGEKAUFT?
7. ER HAT WIRKLICH NICHTS DUMMES GESAGT.
8. DIE KINDER SAHEN FRÖHLICH AUS.
9. SIE HABEN ALLERLEI SCHARFES GEGESSEN.
10. WARUM IST DIE BANANE KRUMM?
11. WIR WÜNSCHEN EUCH ALLES GUTE.

Name: 3. Groß- und Kleinschreibung

Übung 5 Groß oder klein?

1. Sie hat etwas (w/W) _____ ertvolles geschenkt bekommen.
2. Das Fleisch war (z/Z) _____ äh und es schmeckte nicht.
3. Sie schärfte das (st/St) _____ umpfe Messer.
4. Er wirft etwas (t/T) _____ rockenes ins Feuer.
5. Der Weg war ziemlich (w/W) _____ eit und steinig.
6. Sie hat nichts (sch/Sch) _____ limmes angestellt.
7. Die Schale war (r/R) _____ au und rissig.
8. Wir haben allerlei (n/N) _____ eues erfahren.
9. Das Mädchen sah sehr (e/E) _____ rnst aus.
10. Es ist viel (b/B) _____ öses geschehen.

Übung 6 Adjektive (Wiewörter) unterstreichen, die sich in Nomen (Namenwörter) verwandelt haben

1. IN DER WÜSTE IRRTE EIN DURSTIGER HERUM.
2. ER HAT VIEL FETTES GEGESSEN.
3. DER BODEN WAR FEUCHT UND SCHMUTZIG.
4. SIE WOLLEN KEINEN FAULEN IN IHRER GRUPPE HABEN.
5. DAS KIND RUFT LAUT NACH SEINER MUTTER.
6. SIE MÖCHTE ETWAS SAURES ESSEN.
7. DIE BIRNEN SIND SCHON REIF.

Schülerarbeitsblätter

Übung 7 Anfangsbuchstaben-Übung

Beispiel: Franz und seine Freunde aßen etwas Warmes.

Wort	Schülerspruch
Franz	Satzanfang – groß. Man schreibt: F.
und	Restwort. Man schreibt: u.
seine	Restwort. Man schreibt: s.
Freunde	die Freunde – Nomen (Namenwort), groß. Man schreibt: F.
aßen	ist, essen – Kann man tun, Verb (Tunwort). Man schreibt: a.
etwas	Restwort. Man schreibt: e.
Warmes	Wie ist es? warm – Adjektiv (Wiewort). Vor dem Adjektiv (Wiewort) steht das Mengenwort „etwas". Gleichzeitig steht hinter dem Wort „Warmes" kein Nomen (Namenwort). Also ist „Warmes" in diesem Satz ein Nomen (Namenwort). Man schreibt: W.

das/dass

Wenn man „dieses" oder „welches" sagen kann, schreibt man „das" mit „s". Wenn man es nicht kann, schreibt man „dass" mit „ss".

Übung 1 Setze *das* oder *dass* ein!

Beispiel 1: Er hat da ___ gesagt.
Man kann sagen: Er hat dieses gesagt, also wird „das" mit „s" geschrieben.

Beispiel 2: Sie putzt da ___ Bad.
Man kann sagen: Sie putzt dieses Bad, also wird „das" mit „s" geschrieben.

Beispiel 3: Sie fanden Gold, da ___ im Boden lag.
Man kann sagen: Sie fanden Gold, welches im Boden lag, also wird „das" mit „s" geschrieben.

Beispiel 4: Er glaubt, da ___ sie gleich kommt.
Man kann sagen: Er glaubt, dieses sie gleich kommt. – Geht nicht. Er glaubt, welches sie gleich kommt. – Geht nicht, also wird „dass" mit „ss" geschrieben.

1. Sie hat da ___ nicht gelernt.
2. Er suchte da ___ Kind.
3. Bären haben ein Fell, da ___ sehr dicht ist.
4. Sie hat gemerkt, da ___ er nicht ehrlich ist.
5. Er dachte, da ___ es immer so weitergehen würde.
6. Es gab ein Problem, da ___ wir nicht lösen konnten.
7. Er stieg auf da ___ Pferd.
8. Es wird Zeit, da ___ wir anfangen.
9. Uns lief ein Tier über den Weg, da ___ wir noch nie gesehen hatten.
10. Sie haben da ___ wirklich gut gemacht.
11. Ich wusste, da ___ sie krank war.
12. Sie liefen durch da ___ Tal.

Name:		4. *das/dass*

Übung 2 Anfangsbuchstaben-Übung

Beispiel: Nach einiger Zeit war klar, dass sie es nicht schaffen würden.

Wort:	Schülerspruch
Nach	Satzanfang – groß. Man schreibt: N.
einiger	Restwort. Man schreibt: e.
Zeit	die Zeit – Nomen (Namenwort), groß. Man schreibt: Z.
war	Restwort. Man schreibt: w.
klar	Wie ist es? klar – Adjektiv (Wiewort). Man schreibt: k.
dass	Nach einiger Zeit war klar, dieses sie es nicht schaffen konnten. – Geht nicht. Nach einiger Zeit war klar, welches sie es nicht schaffen konnten. – Geht nicht, also „dass" mit „ss". Man schreibt: dass.
sie	Restwort. Man schreibt: s.
es	Restwort. Man schreibt: e.
nicht	Restwort. Man schreibt: n.
schaffen	schaffen – Kann man tun, Verb (Tunwort). Man schreibt: s.
würden	Restwort. Man schreibt: w.

Schülerarbeitsblätter

> **Anmerkungen für den Unterricht**

1. Das silbierende Mitsprechen

`S. 5–22` Das silbierende Mitsprechen kann sowohl mit ganzen Klassen als auch in kleinen Fördergruppen eingeübt werden. Will man das Konzept einer ganzen Klasse beibringen, so muss man sich mehr Zeit nehmen, als wenn man mit einer kleinen Fördergruppe arbeitet.

Bei den rechtschreibschwachen Schülern empfiehlt es sich, die Eltern darauf aufmerksam zu machen, dass auch eine Version des Programms für das Üben zu Hause vorliegt. Wenn die Eltern zusätzlich zum Unterricht noch zu Hause üben, so kann ein deutlich besserer Erfolg erzielt werden, als wenn sich das Üben auf den schulischen Unterricht beschränkt.

1.1 Wörter in Silben zerlegen

`S. 5` In diesem Kapitel lernen und üben die Schüler, Wörter in Silben zu teilen.

`Übung 1` **Wörter in Silben lesen**
Die Schüler lesen die Wörter mit deutlichen Silbenpausen vor.

`Übung A` **Silbenschwingen**
Die mit Buchstaben gekennzeichneten Übungen werden, wie im Grundkurs, mündlich durchgeführt. Sie kommen auf den Schülerarbeitsblättern nicht vor.

Als grundlegende Übung wird hier das Silbenschwingen eingeführt: Dazu sagen Sie ein Wort in Silben (z. B. lau fen). Die Schüler sprechen gemeinsam das Wort in Silben nach. Dabei schwingen sie die Silben mit dem Arm mit.

Zeigen Sie den Schülern die Übung folgendermaßen: Stellen Sie sich so hin, dass rechts von Ihnen viel Platz ist. Heben Sie den rechten Arm (Linkshänder: den linken Arm), sodass sich Ihre Hand ungefähr 30 bis 40 Zentimeter vor Ihren Augen befindet (Bild 1). Dann schwingen Sie Ihren Arm in einem Bogen ganz nach unten, etwa so wie ein J, das den unteren Haken nicht nach links, sondern nach rechts ausbildet. Gleichzeitig machen Sie einen Schritt nach rechts (Bild 2). Ohne Übergang schwingen Sie den Arm wieder nach oben bis in Augenhöhe (insgesamt umschreibt Ihr Arm also ein U) und setzen das linke Bein neben das rechte (Bild 3). Während Sie Ihren Arm schwingen, sprechen Sie gleichzeitig die erste Silbe des Wortes, also: lau. Wenn der Bogen geschwungen und die Silbe gesprochen ist, wird eine kurze Pause eingelegt. Danach wird die zweite Silbe, also „fen", in der gleichen Weise präsentiert (Bild 4 bis 6). Das Ganze hört sich viel komplizierter an, als es in der Praxis ist.

1. Silbe: lau		
Bild 1	Bild 2	Bild 3

2. Silbe: fen		
Bild 4	Bild 5	Bild 6

Geschwungen wird immer in Schreibrichtung, also von links nach rechts. Das gilt auch für Linkshänder. Denn auch Linkshänder schreiben von links nach rechts. Wenn Sie den Schülern das Vorgehen zum ersten Mal zeigen, stehen sie vor Ihnen und schauen zu. Damit sie bei der Durchführung der Übung nicht spiegelbildlich umdenken müssen, gehen Sie beim zweiten Mal folgendermaßen vor: Sie nehmen einen freiwilligen Schüler nach vorn und führen die Übung mit ihm zusammen durch. Dabei wenden Sie beide (Lehrer und Schüler) den übrigen Schülern den Rücken zu. Der Schüler führt dann das Silbenschwingen in der gleichen Weise durch wie Sie.

Im nächsten Schritt führen alle Schüler das Silbenschwingen in der vorgeführten Weise durch. Die Schüler müssen sich so aufstellen, dass sie zu ihrer rechten Seite genügend Platz haben. Einzelnen Schülern können Sie folgende Hilfestellungen geben: Sie stellen sich hinter den Schüler, legen (wenn Sie Rechtshänder sind) Ihren linken Arm um seine Taille, nehmen mit der rechten Hand seine Schreibhand und schreiten und schwingen mit ihm gemeinsam.

Hier sind die Wörter zum Schwingen. Sprechen Sie die Wörter immer in Silben vor:

Sah - ne, lei - se, Na - me, Ho - se, auf - hö - ren, be - grei - fen, ver - fol - gen, Ge - heim - nis, ver - ler - nen, Ei - gen - schaft, er - fin - den, min - des - tens, Le - se - buch, er - war - ten, Ki - lo - me - ter, Mon - tag - mor - gen, Mo - tor - hau - be, Po - li - zei - au - to, Fie - ber - ther - mo - me - ter

Übung 2 Wörter in Silben lesen und dabei Bögen unter die Silben malen

Jeweils ein Schüler liest ein Wort mit deutlichen Silbenpausen vor. Die übrigen Schüler lesen leise für sich mit. Während die Schüler lesen, malen sie unter jede Silbe einen Bogen. Sie lesen und malen also gleichzeitig.

Übung B Weiterführung der Übung A

Ab jetzt sagen Sie die Wörter nicht mehr in Silben, sondern als ganze Wörter. Die Silben müssen die Schüler selbst herausfinden. Gehen Sie so vor wie in Übung A. Sprechen Sie die Wörter ganz normal vor.

Wenn Sie ein Wort vorgesprochen haben, können Sie folgendermaßen weiter verfahren:

- Alle Schüler wiederholen das Wort silbenschwingend im Chor oder
- zuerst schwingt ein Schüler das Wort vor und alle Schüler machen es dann nach.

Achten Sie darauf, dass die Schüler die Wörter in hochdeutscher Lautung aussprechen. In Süddeutschland werden z. B. die Buchstaben „p, t, k" am Silbenanfang wie „b, d, g" gesprochen (z. B. /bedreden/ statt /betreten/. Süddeutsche Schüler sollen darauf achten, dass sie im vorliegenden Programm die Buchstaben „p, t, k" am Silbenanfang auch tatsächlich als „p, t, k" aussprechen. Macht ein Schüler das nicht, so soll er das Wort in hochdeutscher Lautung wiederholen. Wenn bei einer Silbenteilung ein Fehler gemacht wird, sprechen Sie das Wort in Silben vor.

Die Wörter:

fragen, Hilfe, warten, aufschreiben, Karte, Birnenschale, fein, Eisenbahn, weiter, Bogen, beschädigen, begleiten, einschlafen, Mantelkragen, Gabel, nass, erforderlich, Motorhaube, Entenfeder, sauber, Reiseleiter, rund, Gemeinderat, verschreiben, Sparschweinchen, Kleiderhaken, steigen, Gleichgewicht, süß, Tausendfüßler, Höhlenmalerei, Strafarbeiten, wegwerfen, Bienenkörbe

Ein Rätsel   S. 6 Übung 3

In diesem „Rätsel" suchen die Schüler die Wörter, die zu den Bildern passen. Damit es nicht zu schwierig wird, sind von jedem Wort ein oder mehrere Anfangsbuchstaben vorgegeben. Sobald ein Schüler das Wort für das erste Bild gefunden hat, meldet er sich und schwingt dann das Wort in Silben. Dann kommt das nächste Wort an die Reihe usw. Dieser Teil der Übung kann auch als Hausaufgabe gegeben werden.

In einem zweiten Durchgang können Sie Folgendes machen: Die Schüler überlegen sich, um welche Silben man die Wörter erweitern kann (z. B. Besenstiel, Hasenfuß, Trillerpfeife). Sobald ein Schüler von einem Wort eine Erweiterung gefunden hat, meldet er sich und schwingt das Wort.

Bei den Erweiterungen kann es geschehen, dass auch schwierige Silbierungen vorkommen, die in diesem Programm erst später durchgenommen werden (z. B. Wörter mit Konsonantenverdopplung). Bei solchen Wörtern können Sie ankündigen, dass etwas Schwieriges kommt, z. B. indem Sie sagen: Achtung aufgepasst!

Die Wörter, die die Schüler nennen, müssen mit den vorgegebenen Anfangsbuchstaben beginnen. Ansonsten können sie auch von den hier aufgeführten Wörtern abweichen. Alle Wörter müssen aus mindestens zwei Silben bestehen (z. B. „Regenschirm" und nicht „Schirm").

Die Wörter:

Besen, Hase, Pfeife, Streichholz, Wolken, Mantel, Eimer, Regenschirm, Flügel, Hemden, Zitrone, Biene.

In Silben lesen und dabei Bögen unter die Silben malen   Übung 4

Diese Übung geht genauso wie Übung 2 (siehe S. 5). Der einzige Unterschied besteht darin, dass nicht mit einzelnen Wörtern, sondern mit ganzen Sätzen geübt wird. Diese Übung kann auch als Hausaufgabe gegeben werden.

1.2 Mitlautverdopplung

S. 7 Das Zerlegen der Wörter in Silben führt dazu, dass doppelte Mitlaute hörbar gemacht werden. Teilt man z. B. das Wort „Himmel" in Silben, so hört man die beiden „m": Him - mel.

Allerdings kommt es in der Übungsphase nicht selten vor, dass bei verdoppelten Mitlauten falsch getrennt wird. So kann es z. B. sein, dass der Schüler „Hi - mel" und nicht „Him - mel" sagt. Wenn das der Fall ist, korrigieren Sie den Schüler. Durch häufiges Silbieren und Wiederholen von Wörtern mit verdoppelten Mitlauten lernen die Schüler allmählich, die Wörter richtig in Silben zu trennen.

Übung A Silbenschwingen

Ab jetzt kommen auch Wörter mit verdoppelten Mitlauten vor. Gehen Sie so vor wie in **Übung B** des vorherigen Kapitels (siehe S. 84). Diese und manche der folgenden Übungen enthalten absichtlich auch lange Wörter mit vielen Silben. Auf diese Weise machen die Schüler sich das Silbieren am besten zu eigen.

Achtung! Sprechen Sie die Wörter mit verdoppelten Mitlauten ganz normal. Sie sprechen beim Vorlesen also **nicht** Him - mel, sondern Himmel.

Die Wörter:

Mutter, aufmerksam, begreifen, Suppe, Erlaubnis, schwimmen, Bahnwärterhäuschen, Hosenbeine, gefallen, einsteigen, kämmen, Kinokarte, Einwohnermeldeamt, erfinden, schaffen, Gänsefeder, vermeiden, gewinnen, Frühstücksei, Reisevorbereitung, bestellen, erscheinen, Nebelscheinwerfer

Übung 1 In Silben lesen und dabei Bögen unter die Silben malen

Gehen Sie vor wie in **Übung 2** aus dem vorherigen Kapitel (siehe S. 84). Achten Sie darauf, dass die Schüler bei den Wörtern mit Mitlautverdopplung eine besonders deutliche Pause machen.

Übung B Silbenschwingen

Sie lesen ein Wort vor und a) alle Schüler schwingen es gleichzeitig in Silben oder b) ein Schüler schwingt es vor und die übrigen Schüler schwingen es nach.

Die Wörter:

Nagelfeile, sollen, Tannenzweige, kalt, abwiegen, Winteranfang, zusammen, Saft, Höflichkeit, Sekundenzeiger, verschieden, Pfefferkörner, Halteverbot, klein, erscheinen, Gemütlichkeit, Regenbogen, versalzen, Musik, Nebeneingang, Dorf, erwarten, Stempelkissen, Fahrkartenverkäufer, erhalten, Sommer

Ein Rätsel: Die richtigen Wörter finden **Übung 2**

Die Schüler fügen die Silben zu Wörtern zusammen. Wenn ein Schüler ein Wort gefunden hat, schwingt er es in Silben vor. Die anderen Schüler schwingen es dann gemeinsam nach.

Silbenbögen malen **Übung C**

In dieser Übung lesen Sie Wörter vor. Die Schüler malen bei jedem Wort die entsprechenden Silbenbögen in ihr Heft. Dabei sprechen sie die jeweilige Silbe so *leise* mit, dass der Nachbar es nicht hören kann. Wenn ein Konsonant verdoppelt wird (z. B. umfallen), tragen die Schüler die beiden Buchstaben in die entsprechenden Silbenbögen ein. Bei dem Wort „umfallen" könnten die Schüler z. B. so vorgehen: Sie flüstern leise „um" und malen den Silbenbogen für die erste Silbe. Dann flüstern sie „fal" und malen gleichzeitig den Bogen für „fal". Anschließend flüstern sie „len" und malen dabei gleichzeitig den Silbenbogen. Danach schreiben sie ein „l" an das Ende der ersten und ein zweites „l" an den Anfang der zweiten Silbe. Im Heft der Schüler sieht das dann so aus:

⌣ l|l ⌣

Nachdem alle Schüler die Silbenbögen eines Wortes gemalt haben, schwingt ein Schüler das betreffende Wort. Durch diese Art von Übung wird erreicht, dass in relativ kurzer Zeit viele Wörter durchgenommen werden können und jeder Schüler für sich entscheiden muss, ob eine Konsonantenverdopplung vorliegt oder nicht. Führen Sie die Übung zunächst an der Tafel vor.

Die Wörter:

eintreffen, aufräumen, Keller, Hemd, beweisen, ausgerechnet, brennen, fragen, Sommerwetter, Benzinkanister, fremd, einreiben, hinfallen, beleidigen, helfen, Sand, halb, eingeladen, Suppenteller, Koffer, Lampenschirm

1.3 Beim Schreiben in Silben mitsprechen

In diesem Kapitel lernen die Schüler, beim Schreiben in Silben mitzusprechen. Das **S. 8**

Mitsprechen erfolgt zeitgleich zum Schreiben der jeweiligen Buchstaben. Diese Methode führt zunächst zu einer Verringerung der Schreibgeschwindigkeit und später zu einem überlegteren Schreiben, sodass die Schüler nicht mehr überhastet drauflos schreiben. Zudem führt das Silbieren beim Mitsprechen dazu, dass eine Verbesserung bei der Konsonantenverdopplung erzielt wird.

Zunächst lernen die Schüler laut mitzusprechen. Die Lautstärke wird dann aber reduziert, damit so leise mitgesprochen wird, dass es der Nachbar nicht mehr hören kann.

Übung A — Mitsprechen an der Tafel

Führen Sie das Mitsprechen mit einigen Wörtern an der Tafel vor. Dabei werden nicht die Buchstabennamen benannt, sondern die Buchstaben werden lautiert, also z. B. „r" und nicht „er" oder „j" und nicht „jot".

Die Wörter in dieser Übung bestehen zunächst aus zwei Buchstaben, die man in die Länge ziehen kann. Wenn Sie z. B. das Wort „wo" an die Tafel schreiben und mitsprechen, ziehen Sie das „w" während sie es schreiben lautierend in die Länge (also „wwwww"). Das „o" ziehen Sie, wenn Sie es schreiben, ebenfalls in die Länge (also „ooooooo").

Lassen Sie anschließend einzelne Schüler die Wörter in der vorgeführten Weise an die Tafel schreiben. Dabei sprechen die Schüler laut mit.

Danach schreiben alle Schüler Wörter, die Sie diktieren, in ihr Heft. Dabei sollen die Schüler so leise flüsternd mitsprechen, dass der Nachbar es nicht hören kann. Weil es im Deutschen nur wenige Wörter gibt, die in dieser Übung verwendbar sind, können Sie die Wörter mehrfach wiederholen. Eine andere Möglichkeit besteht darin, auch Pseudowörter heranzuziehen.

Echte Wörter: wo, ja, um, in, so, es, an, er, am

Pseudowörter: fa, ar, lo, mi, el, on, jo, re, nu, ej, ma, su, fo, uj, la, me, ra, no, se, wa, or, fu, le, of, mo, ri

Übung B — Silbenschwingen

Lesen Sie die Wörter vor. Nach jedem Wort schwingt ein Schüler das Wort in Silben vor. Danach schwingen es alle Schüler in Silben nach. Ab jetzt kommt nicht nur die Konsonantenverdopplung nach kurzem Vokal vor, sondern auch andere Wörter, bei denen eine Silbe mit dem Buchstaben endet, mit dem die nächste Silbe beginnt (z. B. geerntet, auffangen). Wenn es sich dabei um Konsonanten handelt, sprechen Sie beim Vorlesen der Wörter – wie in der Umgangssprache – nur einen Konsonanten (z. B. „aufangen" und nicht „auffangen").

Ab jetzt kommen auch Wörter vor, bei denen vor dem „ch" bzw. „sch" getrennt wird (z. B. la - chen, Ti - sche). Manche Schüler haben mit der Trennung derartiger Wörter Probleme.

Die Wörter:

beenden, Weizenfelder, Aussicht, verwandeln, Arm, unterscheiden, Koffer, Tulpenzwiebel, Becher, Fest, auffallen, stolpern, Rodelbahn, Brille, schön, Anzug, geerntet, belauschen, bekommen, Rosine, Steinpilze, Rock, aussuchen, nacheinander, Mitarbeiter, beeilen, Fischer, Zentimeter, Magenschmerzen, Sturm, Kirschbaumzweige, gebrochen, Landebahn, tief, erkennen, Königin, Urlaub, verbinden, Kreissäge, treu, Zebrastreifen, Knochen, umkippen, Gegenteil, nass, Pech, Tellerrand, wegwischen, Möbelwagen, betteln, ergreifen

Übung 1 — In Silben lesen und dabei Bögen unter die Silben malen

Die Schüler lesen die Wörter leise flüsternd in Silben. Während sie eine Silbe lesen, malen sie einen Bogen darunter. Zum Schluss lesen verschiedene Schüler jeweils ein Wort in Silben vor. Der erste Teil der Übung kann auch als Hausaufgabe gegeben werden.

Übung C — Wörter diktieren

Zeigen Sie das Mitsprechen beim Schreiben noch einmal an der Tafel. Anschließend führen es einige Schüler an der Tafel vor, wobei sie laut mitsprechen. Danach schreiben die Schüler die Wörter in ihr Heft und sprechen dabei zeitgleich zu den Buchstaben leise flüsternd mit.

Die Wörter:

mir, wer, uns, elf, wen, aus, nun, für, als, was, auf

Übung 2 — Ein Rätsel

Wie Übung 3 in Kapitel 1.1 (siehe S. 84). Die Übung kann auch als Hausaufgabe gegeben werden.

Übung D — Wörter diktieren

Ab jetzt kommen auch Buchstaben vor, die man beim Sprechen nicht in die Länge ziehen kann, z. B. b, g, k. Beim Mitsprechen wird dabei folgendermaßen verfahren: Der

Schüler spricht den Buchstaben. Während des Sprechens fängt er an zu schreiben. Er schreibt den Buchstaben zu Ende, und dann kommt der nächste Buchstabe an die Reihe. Führen Sie es zunächst selbst an der Tafel vor und lassen es dann einige Schüler an der Tafel machen. Anschließend schreiben alle Schüler in ihr Heft, wobei sie leise mitsprechen.

Die Wörter:

gern, klar, gut, kurz, alt, braun, groß, bunt, hart, oft, grün, rot, laut

S. 9 Übung 3 — In Silben lesen und dabei Bögen unter die Silben malen

Wie **Übung 1** in diesem Kapitel. Zeigen Sie an der Tafel anhand des Wortes „bohren" (boh - ren), wie Wörter mit einem Dehnungs-h silbiert werden und anhand des Wortes „schauen", wie man silbiert, wenn eine Silbe mit einem Vokal aufhört und die nächste Silbe mit einem Vokal anfängt.

Schreiben Sie zu diesem Zweck das Wort „bohren" ohne Silbentrennung an die Tafel. Malen Sie anschließend die Silbenbögen, wobei Sie jeweils die Silbe sprechen, unter die Sie einen Bogen zeichnen. Verfahren Sie anschließend mit dem Wort „schauen" genauso.

Übung E — Silbenbögen malen und doppelte Konsonanten in die Silben schreiben

Wie **Übung C** in Kapitel 1.2 (siehe S. 85 f.).

Die Wörter:

kommen, Zuschauer, vorher, sollen, Sternenhimmel, wegwerfen, wach, Aussicht, verteidigen, wischen, trinken, Kochlöffel, unterschreiben, Turm, Sofakissen, Schweinebraten, nachher, Marmeladengläser, Tellerrand

Übung F — Silbenschwingen

Damit die Schüler sich beim lauten Silbenschwingen nicht gegenseitig stören, gehen Sie nun zum Silbenschwingen *in Gedanken* über. Gehen Sie ab jetzt folgendermaßen vor:

Nachdem Sie ein Wort vorgelesen haben, schwingt es jeder Schüler in Silben, aber nur in Gedanken. Dabei spricht er die Silben so leise mit, dass niemand es hören kann. Sagen Sie den Schülern, dass sie sich bildlich vorstellen sollen, wie sie das Wort mit dem Arm schwingen.

Anschließend führt ein Schüler es laut vor und die übrigen Schüler schwingen das Wort dann in der gewohnten Weise *laut* nach, wobei sie etwaige vorherige Fehler verbessern können.

Die Wörter:

anbellen, Eltern, brummen, Gebäude, Eigenschaften, Kuchenteller, kalt, Affenkäfig, beeilen, Haifische, weglaufen, erkennen, Frösche, Luft, umkippen, ausbauen, einsperren, abwaschen, Möbelwagen, Nacht, Gewitterwolken, Schwester, heiraten, Feuerstelle, vorsichtig, Tür, auffordern, Bücherwurm, beseitigen, Pfefferkuchen, verschieden, Lagerarbeiter, Badewanne, erraten, Zuschauer, Kellerfenster, zwölf, Musik, Schönheit, Jammerlappen, verwandeln, Wörterbuch, Butterkuchen

Übung G — Wörter diktieren

Achtung! Zentrale Übung! Bisher haben die Schüler nur Wörter mit einer Silbe geschrieben. Ab jetzt schreiben sie auch Wörter mit mehr als einer Silbe. Dabei gehen die Schüler folgendermaßen vor: Zuerst schwingen sie das Wort in Gedanken. Anschließend sprechen sie leise die erste Silbe des diktierten Wortes. Dabei schreiben sie jeweils den Buchstaben, den sie gerade sprechen. Wenn eine Silbe geschrieben ist, malen die Schüler einen Bogen unter die Silbe. Dann kommt die nächste Silbe in der gleichen Weise an die Reihe. Durch diese Art zu schreiben ergibt sich nach jeder Silbe automatisch eine Pause.

Zeigen Sie das buchstabensynchrone Mitsprechen zunächst selbst an der Tafel. Anschließend machen es einige Schüler laut an der Tafel vor. Erst dann schreiben die Schüler in ihr Heft. Dabei können die an der Tafel geübten Wörter wiederholt werden.

Die Wörter:

erlernen, sammeln, aufheben, schaffen, befolgen, sauer, erlauben, selten, erreichen

S. 10 Übung 4 — Wörter finden

Die Schüler erschließen die Wörter mit Lücken aus den vorhandenen Buchstaben und dem Inhalt der Sätze. Die Lückenwörter schreiben sie in ihr Heft. Dabei gehen sie so vor, wie es zuvor in der **Übung G** in diesem Kapitel (siehe S. 87) geübt worden ist. Lediglich das Diktieren entfällt hier.

S. 11 Übung 5 — Ein Rätsel: Die richtigen Wörter finden

Wie **Übung 2** in Kapitel 1.2 (siehe S. 85).

Übung H **Wörter diktieren**

Wie **Übung G** in diesem Kapitel (siehe S. 87). Weisen Sie die Schüler auf Folgendes hin: Wenn ein „ch" vorkommt, sagen sie nicht „zeha", sondern sie sprechen es so, wie man es in einem Wort spricht. Ebenso sagen sie bei einem „sch" nicht „eszeha", sondern sie sprechen es ebenfalls wie in einem Wort.

Die Wörter:

bewachen, helfen, beschreiben, schaffen, erhalten, ausweichen, feiern, ausreden, sammeln, inzwischen, sondern, murmeln, gewinnen

Übung I **Silbenschwingen**

Wie **Übung F** in diesem Kapitel (siehe S. 87). Ab jetzt kommen auch Wörter vor, bei denen „ng" getrennt wird (z. B. sin - gen). Solche Wörter bereiten manchmal Probleme. Es gibt zwei Möglichkeiten, Wörter mit „ng" in Silben zu zerlegen. Im Folgenden sind sie am Beispiel des Wortes „fangen" erläutert.

Möglichkeit 1:

Man sagt zuerst „fang", wobei man das „ng" so spricht wie in dem Wort „Sprung". Dann sagt man „gen".

Möglichkeit 2:

Man sagt zuerst „fan", wobei man das „n" so spricht wie in dem Wort „hin". Dann sagt man „gen".

Jeder Schüler darf sich die Möglichkeit wählen, die ihm am angenehmsten ist bzw. die er kennt.

Die Wörter:

wegbringen, vorsingen, hoffen, Zuschauer, rasch, Briefkasten, ausgezeichnet, dauern, krank, auffangen, Bügeleisen, erlauben, Brillenschlange, Land, Feuerleiter, bewegen, erkennen, Gelegenheit, Insel, zerbrechen, Heft, Klingelknopf, einsteigen, rascheln, Gummibälle, klug, verlangen, Maschinenschlosser, Nagelfeile, Sauerteig, Ungeheuer, Gruppe, Wochentag, Gegenteil, ausschneiden, Straßengraben, belauschen, hüpfen, wegjagen, Teil, Wetterfrosch, Zeltlager

Übung 6 **In Silben lesen und dabei Bögen unter die Silben malen**

Wie **Übung 1** in Kapitel 1.2 (siehe S. 85). Diese Übung kann auch als Hausaufgabe gegeben werden.

Übung J **Wörter diktieren**

Wie **Übung G** in Kapitel 1.3 (siehe S. 87). Ab jetzt kommen auch Namenwörter vor. Bei ihnen sollen die Schüler Regeln zur Groß- und Kleinschreibung so anwenden, wie es im folgenden Beispiel dargestellt ist. Die Regeln für die übrigen Wortarten (Verben, Adjektive, Rest) wendet der Schüler bei dieser Übungsart nicht an. Sie sollten aber nach wie vor in der Anfangsbuchstabenübung aus dem Grundkurs eingeübt werden.

Falls Sie im Grundkurs das Kapitel zur Groß- und Kleinschreibung (noch) nicht durchgenommen haben, lassen Sie die Bestimmung der Namenwörter in dieser und in den folgenden ähnlichen Übungen weg.

Beispiel: Teller

Der Schüler sagt:

der Teller – Namenwort, groß.

Dann spricht er das Wort in Silben, also: Tel - ler. Anschließend sagt er ganz langsam „Tel" und schreibt dabei immer den Buchstaben, den er gerade spricht. Danach malt er unter „Tel" einen Bogen. Anschließend sagt er ganz langsam „ler" und schreibt dabei immer den Buchstaben auf, den er gerade spricht. Danach malt er unter „ler" einen Bogen.

Zeigen Sie selbst das Vorgehen an der Tafel und lassen Sie es dann einige Schüler an der Tafel vorführen. Anschließend schreiben die Schüler die diktierten Wörter in ihr Heft, wobei sie leise für sich so vorgehen, wie es zuvor an der Tafel gezeigt worden ist. Nachdem die Schüler ein jeweiliges Wort geschrieben haben, führt ein Schüler laut vor, wie es geht.

Die Wörter:

Mitte, Farbe, aufmachen, Eimer, Feder, schwitzen, Waffe, Nase, schicken, frech, Schule, Wolle, reif, Sommer, Hase, werfen, gewinnen, Lappen, Marmelade, Reifen, bitter, Würfel

Silbenrätsel   S. 12   Übung 7

Sie lesen vor, welches Wort gesucht wird. Die Schüler bilden das Wort aus den vorgegebenen Silben. Sobald ein Schüler das betreffende Wort gefunden hat, meldet er sich und schwingt es vor. Die Silben der gefundenen Wörter streichen die Schüler aus. Wenn kein Schüler das betreffende Wort findet, sagen Sie die erste Silbe.

1. In welchem Monat ist Weihnachten? 2. Wenn ein Autofahrer kein Benzin mehr hat, fährt er zu einer … 3. In diesem Zimmer wird gekocht. 4. An der Hand haben wir vier Finger und einen … 5. Damit spielen kleine Mädchen.

Übung K **Sätze diktieren**

Sie diktieren ganze Sätze. Zuerst lesen Sie einen Satz vor. Dann wiederholen Sie jedes Wort einzeln. Die Schüler schreiben dann das Wort auf, das Sie gesagt haben. Dabei gehen sie leise für sich so vor, wie sie es gelernt haben: Bei einem Namenwort sagen sie zuerst die Regel. Danach sprechen sie das Wort in Silben. Anschließend sagen sie ganz langsam die erste Silbe. Während des Sprechens schreiben sie den Buchstaben auf, den sie gerade sagen. Danach malen sie einen Bogen unter die Silbe, und dann kommt die nächste Silbe an die Reihe usw. Wenn ein ganzer Satz aufgeschrieben ist, liest ein Schüler ihn in Silben vor und die Schüler verbessern Fehler.

Zeigen Sie das Vorgehen zunächst an der Tafel.

1. Die Kinder bekommen schöne Geschenke. 2. Sie wollen sich einige Bücher aussuchen. 3. Sie schauen im Wörterbuch nach. 4. Wir bewundern die schönen Bilder. 5. Sie rennen durch die Straßen. 6. Der Film dauerte sehr lange. 7. Die Schüler sollen ihre Hefte aufschlagen. 8. Sie kaufen Futter für die Schweine ein. 9. Wir bewundern große Sportler. 10. Sie denken sich eine komische Geschichte aus. 11. Die kleinen Kinder können schon im Wasser schwimmen.

Übung 8 **In Silben lesen und dabei Bögen unter die Silben malen**

Wie **Übung 1** in Kapitel 1.3 (siehe S. 86). Ab jetzt kommen Silben vor, die mit „sp" oder „st" beginnen. Beim Mitsprechen sollen die Schüler nicht – wie in der gesprochenen Sprache – „schp" bzw. „scht" sagen, sondern sie sollen das „s" und das „p" bzw. das „s" und das „t" für sich sprechen, so, wie man es schreibt. Machen Sie es den Schülern an folgenden Wörtern vor, indem Sie sie in Silben sprechen: springen, streng, versprechen, bestehen.

In manchen Dialekten wird das „sp" und das „st" auch im Wortinneren „schp" bzw. als „scht" gesprochen, z. B. /wischpern/, /Wurscht/, /Kischte/. Auch in solchen Fällen ist es hilfreich, wenn „s-p" bzw. „s-t" gesprochen wird. Machen Sie den Schülern die Sprechweise an folgenden Wörtern deutlich: Wurst, Gast, durstig, gestern, Faust, Wespe, knusprig.

Übung L **Wörter in Silben nachsprechen**

Sprechen Sie „sp" und „st" so, wie es üblich ist, die Schüler sollen das „s" und das „p" sowie das „s" und das „t" aber jeweils für sich sprechen. Führen Sie die Übung so durch wie **Übung C** in Kapitel 1.2 (siehe S. 85).

Die Wörter:

staubig, aufstellen, Spaten, Luft, bedienen, Aussicht, Gabel, bestrafen, Licht, beschädigen, Schlüsselanhänger, rasten, anbrüllen, besprechen, Sicherheit, Stimme, erst, bekommen, mindestens, betasten, Mehl, Stundenplan, Feder, Speisewagen, einsammeln, Nacht, Gespenst, aussteigen, Kellerfenster, Zettelkasten

1.4 Wörter mit *tz*

Erläuterung S. 13

Erklären Sie den Schülern, dass das „tz" eigentlich eine Verdopplung des Buchstabens „z" ist. So ähnlich wie bei „nn, ff, tt, mm" usw., nur schreibt man nicht „zz", sondern „tz". Das erste „z" wird also als „t" geschrieben. Beim Sprechen in Silben sagen die Schüler z. B. „put - zen" und schreiben dann „putzen". Bei Wörtern mit „tz" muss man darauf achten, dass beim Trennen das „t" deutlich gesprochen wird.

In Silben lesen Übung 1

Jeweils ein Schüler liest einen Satz in Silben vor. Die Wörter werden nicht geschwungen, sondern lediglich in Silben gesprochen. Es werden auch keine Silbenbögen gemalt.

Wörter diktieren Übung A

Wie **Übung G und J** in Kapitel 1.3 (siehe S. 87 f.).

Die Wörter:

besitzen, Mütze, Zuschauer, schwitzen, abwischen, Badewanne, hinsetzen, Weizenkörner, unterschreiben, Löffel, beschützen, schwimmen, werfen, Katze, Tasche

Wörter finden Übung 2

Wie **Übung 4** in Kapitel 1.3 (siehe S. 88). Diese Übung kann auch als Hausaufgabe gegeben werden.

Ein Rätsel Übung 3

Wie **Übung 3** in Kapitel 1.1 (siehe S. 84). Die Übung kann auch als Hausaufgabe gegeben werden. Ab jetzt wird nicht mehr extra darauf hingewiesen, welche Übungen sich als Hausaufgabe eignen.

Übung B **Sätze diktieren**

Wie **Übung K** in Kapitel 1.3 (siehe S. 89).

1. Die Schüler sitzen im Klassenzimmer. 2. Hans und Peter können schneller rennen als ich. 3. Auf dem Boden hüpfen Spatzen umher. 4. Wir können das Badezimmer wieder benutzen.

1.5 Wörter mit *ck*

S. 14 **Erläuterung**

Ab jetzt werden auch Wörter mit „ck" eingeübt. Erklären Sie den Schülern, dass das „ck" eigentlich eine Verdopplung des Buchstabens „k" ist. So ähnlich wie bei „ff, ll, mm" usw. Im Deutschen schreibt man aber nicht „kk", sondern „ck". Das erste „k" wird als „c" geschrieben. Beim Sprechen und Schreiben in Silben sollen die Schüler beispielsweise „wek - ken" sagen, d. h., sie greifen nicht auf die Trennsilben (we - cken), sondern auf die Sprechsilben (wek - ken) zurück. Die erste Silbe von „wek - ken" schreiben sie als „wec" und die zweite als „ken".

Damit die Schüler mit den Sprech- und Trennsilben nicht durcheinanderkommen, können Sie ihnen empfehlen, Wörter mit „ck" am Zeilenende nie zu trennen. Noch einfacher ist es (für schwache Schüler), am Zeilenende überhaupt kein Wort zu trennen.

Übung 1 **In Silben lesen**

Wie **Übung 1** in Kapitel 1.4 (siehe S. 89).

Erläuterung

Erklären Sie den Schülern: Wörter wie „oben, egal" oder „über" darf man beim Schreiben nicht abtrennen. Beim silbierenden Mitsprechen wird das aber anders gemacht. Hier trennt man „o - ben, e - gal, ü - ber".

Übung A **Wörter in Silben nachsprechen**

Wie **Übung C** in Kapitel 1.2 (siehe S. 85).

Die Wörter:

Esel, nicken, aber, verspritzen, bald, Entfernung, Wohnzimmer, Idee, Schrank, verschlucken, Fahrkarte, ewig, unterstützen, Pfefferstreuer, Haus, Zuckerkuchen, oben, Flamme, Feiertage, kurz, egal, erschrecken, einklemmen, Abend, Möglichkeit, besetzen, umknicken

In Silben lesen und dabei Silbenbögen malen **Übung 2**

Wie **Übung 1** in Kapitel 1.4 (siehe S. 89). Erklären Sie den Schülern: Bei Wörtern wie „gehen, Ruhe, höher" soll das „h" beim Silbieren deutlich gesprochen werden. Bei Wörtern mit „ck" kommt die Spitze des Silbenbogens genau zwischen das „c" und das „k".

Wörter in Silben sprechen **Übung B**

Teilen Sie die Schüler in zwei oder drei Mannschaften. Jeweils ein Schüler jeder Mannschaft ist der „Silbengeher". Er geht bei in Silben gesprochenen Wörtern jeweils einen Schritt pro Silbe nach vorn.

Sie sagen ein Wort. Ein Schüler der ersten Mannschaft wiederholt das Wort in Silben (ohne es zu schwingen). Wenn er das Wort richtig silbiert hat, darf der Silbengeher seiner Mannschaft so viele Schritte nach vorn gehen, wie das Wort Silben hat. Beim Gehen spricht er das Wort in Silben nach. Hat der andere Schüler zuvor das Wort falsch silbiert, so muss der Geher stehen bleiben, und ein anderer Schüler seiner Mannschaft wiederholt das Wort mit der richtigen Silbierung. Anschließend kommt die nächste Mannschaft an die Reihe usw. Gewonnen hat die Mannschaft, deren Silbengeher am weitesten gekommen ist. Damit beim Gehen nicht gemogelt wird, wird für jeden Schritt ein Strich an die Tafel gezeichnet.

Mannschaft 1	Mannschaft 2	Mannschaft 3
oben	Abend	üben
backen	immer	putzen
reinigen	verschlucken	bestaunen
entschuldigen	Fensterputzer	Beleidigung
einsammeln	Feuerzeug	aufwecken
erfinden	beschützen	Tellerrand
übersetzen	Kellerfenster	eingeschlafen
Käsehobel	Nagelfeile	Eseltreiber

Eine Geschichte diktieren **Übung C**

Wie **Übung K** in Kapitel 1.3 (siehe S. 89).

Jan und sein Bruder sollen heute im Garten helfen. Jan holt sich eine Hacke und sein Bruder eine Schaufel. Zusammen fangen die beiden Jungen an zu graben. Die Arbeit macht ihnen viel Freude. Doch nach einiger Zeit tut ihnen der Rücken weh. Nun machen sie eine Pause und essen einen Apfel.

1.6 Wörter umformen

Erläuterung

Erklären Sie den Schülern: Einen verdoppelten Mitlaut kann man hören, wenn man das Wort in Silben teilt, z.B. Wetter: Wet - ter). Bei manchen Wörtern steht der verdoppelte Mitlaut aber am Wortende. In solchen Fällen muss man das Wort umformen, damit man die beiden Mitlaute hören kann.

Beispiele für die Verdopplung:
Fell: Fel - le
dünn: dün - ner

Beispiele für Wörter ohne Verdopplung:
Schaf: Scha - fe
steil: stei - ler

Beim Umformen müssen die Schüler zweierlei lernen:
1. Wie die Wörter umgeformt werden.
2. Welche Wörter man umformen muss und welche nicht.

Manche Wörter kann man auch auf verschiedene Arten umformen, z.B. dünn: dün - ner oder dün - ne. Auf welche Weise der Schüler das Wort umformt ist egal. Die Umformung muss nur richtig sein.

Es wird immer wieder vorkommen, dass die Schüler beim Umformen falsch silbieren, z.B. „dü - ner" oder „Schaf - fe". Wenn das der Fall ist, korrigieren Sie die Schüler. Durch häufiges Wiederholen lernen die Schüler allmählich, die Wörter richtig in Silben umzuformen.

Wenn ein Schüler nicht weiß, wie ein Wort umgeformt wird, kann ihm auch eine Hilfestellung gegeben werden. Wenn er z.B. nicht weiß, wie man „Fell" umformt, sagen Sie: Im Zimmer liegt ein Fell. In einem anderen Zimmer liegen zwei …

Das Umformen ist für die Schüler nicht ganz einfach. Es muss gründlich eingeübt werden. Wenn Sie trotz intensiven Einübens feststellen, dass Ihre Schüler damit nicht zurechtkommen, lassen Sie das Umformen weg. Im Folgenden lassen Sie dann die Übungen aus, bei denen es ausschließlich um das Umformen geht. Bei den übrigen Übungen behandeln Sie die Silben, die umgeformt werden, wie alle anderen Silben auch.

Wörter umformen

Lesen Sie die Wörter vor und die Schüler formen sie um. Sagen Sie am Anfang, dass jedes Wort umgeformt werden muss.

Die Wörter:

schnell, Pfeil, krumm, Bett, braun, hell, schlimm, schön, Schwein, faul, Schritt, nass, dünn

Erläuterung

Erklären Sie den Schülern anhand der Wörter „still" und „Bein", wie sie beim Lesen Wörter kennzeichnen, die umgeformt werden müssen (siehe Beispiele in Übung 1 auf dem Schülerarbeitsblatt).

Beispiel 1: still

Die Schüler lesen zuerst das Wort, also „still". Gleichzeitig malen sie einen Bogen unter „still".

s t i l l

Anschließend formen sie das Wort um in „stil - ler". Wenn sie „ler" aussprechen, malen sie einen abgewinkelten Pfeil vor und über das zweite „l".

s t i l l

Beispiel 2: Bein

Die Schüler lesen zuerst das Wort, also „Bein". Gleichzeitig malen sie einen Bogen unter „Bein".

B e i n

Anschließend formen sie das Wort um in „Bei - ne". Wenn sie „ne" aussprechen, malen sie einen abgewinkelten Pfeil vor und über das „n".

B e i n

In Silben lesen und dabei Silbenbögen malen. Beim Umformen Pfeile malen.

Wie Übung 1 in Kapitel 1.4 (siehe S. 89). Hinzu kommt das Einzeichnen der Pfeile beim Umformen. Damit es nicht zu schwer ist, sind die Wörter, die umgeformt werden müssen, kursiv gedruckt.

Wörter diktieren

Lesen Sie die Wörter vor und die Schüler schreiben sie auf. Dabei formen sie sie um. Sagen Sie am Anfang, dass jedes Wort umgeformt werden muss.

Führen Sie das Umformen anhand einiger Wörter vor. Das Schreiben funktioniert im

Prinzip wie das Lesen mit dem Einzeichnen der Pfeile (siehe die Erläuterung oben in diesem Kapitel). Bei dem Wort „schnell" geht es folgendermaßen: Die Schüler schreiben das Wort bzw. die Silbe auf. Anschließend malen sie einen Silbenbogen unter das Wort. Danach formen sie das Wort in „schnel - le" um. Sobald sie die Silbe „le" aussprechen, malen sie einen abgewinkelten Pfeil vor und über das zweite „l". Wenn ein Schüler das Wort falsch geschrieben hat, schreibt er es nach demselben Verfahren noch einmal auf.

Bei dem Wort „reif" geht es folgendermaßen: Die Schüler schreiben das Wort bzw. die Silbe auf. Anschließend malen sie einen Silbenbogen unter das Wort. Danach formen sie das Wort in „rei - fer" um. Sobald sie die Silbe „fer" aussprechen, malen sie einen abgewinkelten Pfeil vor und über das „f".

Zuerst schreiben alle Schüler ein jeweiliges Wort in ihr Heft, wobei sie leise mitsprechen. Nach jedem Wort führt ein Schüler an der Tafel laut vor, wie es geht. Wenn ein Schüler das Wort falsch geschrieben hat, schreibt er es nach demselben Verfahren noch einmal richtig in sein Heft.

Die Wörter:

schlimm, Schwein, faul, fett, hell, reif, dünn, Schaf, satt, nass, Seil, straff

S. 16

Übung 2 **Wörter zum Umformen suchen**

Sagen Sie den Schülern, dass in jedem Satz ein Wort vorkommt, das umgeformt werden muss. Die Schüler lesen sich einen Satz leise in Silben durch. Wenn ein Schüler das Wort gefunden hat, das umgeformt werden muss, liest er den ganzen Satz in Silben vor und formt dabei das entsprechende Wort um.

Übung 3 **In Silben lesen und dabei Silbenbögen malen. Beim Umformen Pfeile malen.**

Wie **Übung 1** in Kapitel 1.4 (siehe S. 89) Hinzu kommt das Einzeichnen der Pfeile beim Umformen. Sagen Sie den Schülern, dass in jedem Satz ein Wort umgeformt werden muss.

Übung C **Wörter umformen**

Lesen Sie die Wörter vor. Die Schüler formen sie um und sprechen dabei in Silben. In dieser Übung kommen auch Wörter vor, die nicht ganz leicht umzuformen sind. Hinter allen Wörtern stehen die richtigen Umformungen in Klammern.

Die Wörter:

Griff (Grif - fe), Schlamm (schlam - mig), Stoff (Stof - fe), Gebrüll (brül - len), Gewinn (ge - win - nen), Knall (knal - len), stopp (stop - pen), Schnitt (Schnit - te), Beginn (be - gin - nen), Null (Nul - len), Tritt (Trit - te)

Sätze diktieren **Übung D**

Wie **Übung K** in Kapitel 1.3 (siehe S. 89). In manchen Sätzen muss ein Wort umgeformt werden. Wenn das der Fall ist, sagen Sie es den Schülern, bevor Sie den Satz diktieren. Bei den Wörtern, die umgeformt werden, gehen die Schüler so vor, wie es eingeübt worden ist.

1. An der Leine hingen Hemden, Socken und Hosen. *(Achtung! Ein Wort wird umgeformt.)* 2. Die Lampen leuchten hell von der Decke. 3. Jan möchte sich eine grüne Mütze kaufen. *(Achtung! Ein Wort wird umgeformt.)* 4. Die Enten schwimmen auf dem Fluss. *(Achtung! Ein Wort wird umgeformt.)* 5. Seine Freunde waren so nett, uns zu helfen. 6. Ein langer Nagel wurde in den Fußboden geschlagen.

Erläuterung

Erklären Sie den Schülern: Bei manchen Wörtern verändert sich die erste Silbe beim Umformen. So muss man z. B. das Wort „Stamm" in „Stäm - me" umformen.

Wörter zum Umformen suchen **Übung E**

Lesen Sie jeweils einen Satz vor und wiederholen Sie dann jedes Wort einzeln. Wenn Sie an ein Wort kommen, das umgeformt werden muss, melden sich die Schüler. Ein Schüler formt es um, wobei er, wie immer, in Silben spricht. Am Ende eines Satzes spricht ein Schüler den ganzen Satz noch einmal mit der Umformung in Silben.

1. Die Kinder schreiben viele Sätze auf ein Blatt. 2. Auf dem Hof lagen Bretter. 3. Sie suchen den Kamm im ganzen Zimmer. 4. Die Leute wohnen in einem engen Tal im Gebirge. 5. Auf der Brücke sahen wir einen dicken Mann. 6. Die Kaninchen bekommen in ihrem Stall frisches Futter.

Wörter diktieren **Übung F**

Lesen Sie jeweils ein Wort vor und die Schüler schreiben es so auf, wie sie es gelernt haben. Manche Wörter müssen umgeformt werden. Damit es für die Schüler nicht zu schwer wird, sagen Sie vor solchen Wörtern: „Achtung!" Nach jedem Wort, das die Schüler geschrieben haben, spricht ein Schüler es laut in Silben (und mit Umformung) vor.

Die Wörter:

(Achtung!) Lamm, aussuchen, Feuer, *(Achtung!)* Seil, *(Achtung!)* Kran, Zettelkasten, Wintermantel, *(Achtung!)* Weinfass, reich, anspitzen, *(Achtung!)* Bauernhof, *(Achtung!)* Schuss, Wattebausch, erscheinen, Dachdecker, *(Achtung!)* faul, gewinnen

Erläuterung

Erklären Sie den Schülern anhand von „Witz" und „Spatz", wie beim Schreiben Wörter umgeformt werden, die auf „tz" enden: Zuerst wird das Wort bzw. die Silbe geschrieben, also z. B. Witz. Anschließend wird ein Silbenbogen unter das Wort gemalt. Dann wird umgeformt, also z. B. Wit - ze. Zuletzt wird der abgewinkelte Pfeil vor und über das „z" gesetzt.

Silbenrätsel `S. 17` `Übung 4`

Wie `Übung 7` in Kapitel 1.3 (siehe S. 89).
1. Das kann man beim Bäcker kaufen. 2. Wenn man jemanden anrufen will, braucht man ein … 3. Wenn man etwas kauft, muss man es … 4. Das sieht man am Himmel, wenn es regnet. 5. Das isst man mit einem Löffel. 6. Wenn man in einen Bus einsteigen will, wartet man an der … 7. Wenn man sich selbst sehen will, schaut man in den …

Sinnlose Wörter suchen `Übung G`

Lesen Sie jeweils ein Wort vor. Manche Wörter bezeichnen einen Gegenstand, den es gar nicht gibt (z. B. Suppengabel). Jeweils ein Schüler spricht das Wort in Silben nach. Zuvor muss er aber sagen, ob es den Gegenstand gibt (gibt's) oder nicht gibt (gibt's nicht).

Die Wörter:

Koffernase, Katzenklo, Kartoffelacker, Wetterameisen, Puppenstube, Segelschiffe, Suppengabel, Tellervogel, Schlittenhunde, Pferdejacke, Spatzenbrille, Tannennadeln, Treppenhose, Donnerstag, Gummiboot, Käsehimmel

Wörter in Silben nachsprechen und wenn nötig umformen `Übung H`

Lesen Sie jeweils ein Wort vor. Ein Schüler spricht das Wort nach. Wenn es umgeformt werden muss, formt er es um. Eine Hilfestellung, welche Wörter umgeformt werden müssen, wird nicht gegeben.

Die Wörter:

auffangen, Ball, Schatz, Koffer, Kamm, verstecken, Ofen, eintreffen, wegwischen, Stoff, ausnützen, beeilen, berechnen, stumm, fett, Suppenteller, berichtigen, Fluss, auffallen, einpacken, unterschreiben, Knall*, beleuchten, Esel, zerbrechen, Krankenhaus, Blitz, gewinnen, Schlamm**, Lampenschirm, überfallen, Wäscheleine, hell, unterbrechen, Leitungswasser, Kugelschreiber, satt, Knochen, Haltestelle

* knal - len   ** schlam - mig

Silbenbögen und Pfeile malen `Übung I`

Lesen Sie die Wörter vor. Die Schüler malen bei jedem Wort die entsprechenden Silbenbögen in ihr Heft. Dabei sprechen sie die jeweilige Silbe leise mit. Wenn ein Konsonant verdoppelt wird (z. B. treffen), tragen die Schüler die beiden Buchstaben in die entsprechenden Silbenbögen ein. Wenn es notwendig ist, formen die Schüler das Wort um und malen den abgewinkelten Pfeil. Vor und unter den Pfeil schreiben sie die Buchstaben, die dort hingehören.

Bei dem Wort „Fischernetz" würden die Schüler z. B. so vorgehen: Sie flüstern leise „Fi" und malen gleichzeitig den Silbenbogen für „Fi". Danach flüstern sie „scher" und malen dabei den Silbenbogen für „scher". Dann flüstern sie „Netz" und malen den entsprechenden Silbenbogen. Danach formen sie um in „Net - ze" und malen einen abgewinkelten Pfeil ans Ende des letzten Silbenbogens. Zum Schluss schreiben sie das „t" vor den Pfeil und das „z" unter den Pfeil.

Nachdem alle Schüler die Silbenbögen (und Pfeile) eines Wortes gemalt haben, spricht ein Schüler das betreffende Wort in Silben, bei Wörtern, die umgeformt werden müssen, zuerst ohne und dann mit Umformung. Führen Sie die Übung zunächst an der Tafel vor.

Die Wörter:

spitz, Satz, Waffel, pflücken, nass, Kuchenteller, eingeladen, umknicken, Schiff, Platz, Schmetterling, Feiertage, erkälten, Fell, Geschenke, Katzenfutter, schlimm, Bilderbücher, egal, Fliegengitter, Plan, Kugelschreiber, Wirbelstürme, dünn, Treppengeländer, Kamm, Sitz, teuer, Kirschbäume, wegschwimmen

Wörter umformen `Übung J`

Lesen Sie die Wörter vor und die Schüler formen sie um und sprechen dabei in

Silben. Sagen Sie den Schülern, dass alle Wörter umgeformt werden müssen. In dieser Übung kommen auch Wörter vor, die nicht ganz leicht umzuformen sind.

Die Wörter:

hell, Gewinn, Null, fein, Schlamm, straff, braun, nützlich, Schaum, Bett, Seil, Damm, Gebrüll, Ball, Kran, steif, Schnitt, Beginn, faul, Zaun, Stein, Knall, Schaf, Griff, Traum, Tal, Schutz, still, knapp, Wal, reif, Stamm, Unfall, Stoff

Erläuterung

Erläutern Sie den Schülern an der Tafel anhand von „Rock" und „Stück", wie beim Lesen Wörter gekennzeichnet werden, die auf „ck" enden: Zuerst wird ein Silbenbogen unter das Wort bzw. die Silbe gemalt. Anschließend wird das Wort bzw. die Silbe umgeformt, also z. B. Rök - ke. Zuletzt wird der abgewinkelte Pfeil vor und über das „k" gesetzt.

Übung 5 — In Silben lesen und dabei Silbenbögen malen. Beim Umformen Pfeile malen.

Die Schüler lesen die Sätze leise für sich in Silben und zeichnen dabei Silbenbögen und Pfeile ein. Sagen Sie den Schülern, dass in jedem Satz ein Wort umgeformt werden muss. Damit es nicht zu schwer ist, lesen Sie jeden Satz zuerst ohne Silbierung vor und die Schüler überlegen sich, welches Wort umgeformt werden muss. Wenn ein Schüler es gefunden hat, benennt er es. Dabei formt er es aber nicht um.

Übung K — Wörter umformen

Lesen Sie die Wörter vor und die Schüler formen sie um und sprechen dabei in Silben. Sagen Sie den Schülern, dass alle Wörter umgeformt werden müssen. In dieser Übung kommen auch Wörter vor, die auf „ck" enden.

Die Wörter:

Fleck, Strick, knapp, reif, Raum, Schuss, spitz, dick, Schaf, dünn, Lamm, Zaun, knapp, Schatz, Zufall, Traum, Blick, Schmutz, glatt, Bein, schlimm, Strick

Übung L — Wörter diktieren

Lesen Sie jeweils ein Wort vor und die Schüler schreiben es so auf, wie sie es gelernt haben. Manche Wörter müssen umgeformt werden. Welche Wörter das sind, sollen die Schüler ohne Hilfestellung selbst herausfinden. Zeigen Sie den Schülern an der Tafel anhand von „Blick", wie sie beim Schreiben vorgehen sollen. Zuerst sagen sie: Der Blick – Namenwort, groß. Anschließend sprechen sie das Wort bzw. die Silbe, also z. B. „Blick". Dann schreiben sie das Wort bzw. die Silbe auf und sprechen dabei mit. Danach malen sie einen Bogen unter das Wort bzw. die Silbe. Anschließend formen sie das Wort um, also z. B. Blik - ke. Zum Schluss malen sie den abgewinkelten Pfeil vor und über das „k".

Die Wörter:

dick, Sack, schaffen, zwischen, reif, spitz, Rock, einladen, Waffel, benutzen, Raum, Blatt, hüpfen, Fleck

Gibt es oder gibt es nicht? — S. 18, Übung 6

Die Schüler lesen die Wörter still für sich in Silben. Dabei setzen sie die fehlenden Buchstaben ein. Außerdem unterstreichen sie die Wörter, die es gibt. Wenn alle Schüler fertig sind, werden die Wörter in Silben vorgelesen. Im Anschluss an jedes Wort sagt der betreffende Schüler, ob er das Wort unterstrichen hat oder nicht.

Sätze diktieren — Übung M

Wie Übung K in Kapitel 1.3 (siehe S. 89). Sagen Sie den Schülern, dass in jedem Satz ein Wort umgeformt werden muss.

1. Seine Socken sind nass geworden. 2. Zwei Hunde laufen hinter einem Schaf her. 3. Nach kurzer Zeit wurde es still in der Klasse. 3. Die beiden Fischer warfen ihr Netz aus. 4. Sie standen mit einem Bein im Wasser. 5. Der große Junge möchte nicht zu dick werden.

Verben (Tunwörter) umformen — Übung 7

Zeigen Sie den Schülern anhand von „kennt" und „malt", wie Verben in die Grundform gesetzt werden und wie der abgewinkelte Pfeil eingezeichnet wird.

Verben (Tunwörter) umformen — Übung N

Sie lesen ein Verb vor (z. B. „rollt" oder „kauft"). Die Schüler sprechen es leise für sich (in Silben) nach und schreiben es dabei gleichzeitig in ihr Heft. Danach malen sie einen Silbenbogen (oder mehrere). Weiterhin formen sie das Verb um (z. B. „rol - len" bzw. „kau - fen") und zeichnen einen abgewinkelten Pfeil ein. Wenn die Schüler die Bedeutung eines Verbs nicht erkennen und nur dann, setzen Sie „er/sie/es" bzw. „er/sie/es hat" oder „er/sie/es ist" davor, also z. B. es rollt, er hat gekauft, er ist gekommen.

Die Wörter:

(er) stellt, (es) stimmt, (er) ruft, (er) weint, (er hat) geschwitzt, (es) schmeckte, (er) nennt, (es) knallte, (er ist) gerannt, (er) hofft, (er) vergisst, (er) schleift, (er) wollte, (es ist) geschafft, (es) kneift, (er) spülte, (es hat) gebrannt

S. 19 Übung 8 — In Silben lesen und dabei Silbenbögen malen. Beim Umformen Pfeile malen.

Die Schüler lesen die Sätze leise für sich in Silben und zeichnen dabei Silbenbögen und Pfeile ein. Zeigen Sie den Schülern anhand des Beispielsatzes, wie es geht. Zum Schluss werden die Sätze in Silben und mit den Umformungen vorgelesen.

Übung O — Wörter diktieren

Lesen Sie jeweils ein Wort vor und die Schüler schreiben es so auf, wie sie es gelernt haben. Manche Wörter müssen umgeformt werden. Welche Wörter das sind, sollen die Schüler ohne Hilfestellung selbst herausfinden. Zeigen Sie den Schülern an der Tafel anhand von „rollt" und „pfeift", wie sie beim Schreiben und Umformen von Verben vorgehen sollen: Zuerst sprechen sie das Wort bzw. die Silbe (also z. B. „rollt" bzw. „pfeift") und schreiben es dabei auf. Danach malen sie einen Bogen unter das Wort bzw. die Silbe. Anschließend formen sie das Wort um, also z. B. „rol - len" bzw. „pfei - fen". Zum Schluss malen sie den abgewinkelten Pfeil vor und über das zweite „l" bzw. vor und über das „f".

Die Wörter:

rennt, gestellt, schlimm, Kissen, aufheben, bestrafte, schmeckt, bewegen, fein, backen, Teller, ausgepackt, bewundern, nützte, Zaun, schwimmen, handeln, ruft, gebellt, Kuss, schicken, bitter, schafft, einsteigen, kommt, schwitzen, stumm, schleift, wissen

Übung 9 — Silbenrätsel

Die Schüler fügen die Silben zu *möglichst langen* Wörtern zusammen. Wenn sie ein Wort gefunden haben, sprechen sie es in Silben.

1. Daran wächst etwas, das dunkelblau ist und gut schmeckt. 2. Davon spricht man, wenn sich zwei Straßen treffen. 3. Das zieht man an, wenn es regnet. 4. Wenn man am Schreibtisch sitzt und es dunkel wird, kann man das gut gebrauchen. 5. Wenn ein Auto schnell fährt, hat es eine hohe … 6. In dem Raum wohnt man.

1.7 Wörter mit *d/t, g/k, b/p*

Erläuterung — S. 20

Erklären Sie den Schülern, dass das „d" am Ende einer Silbe wie ein „t" gesprochen wird, z. B. Kleid, gesund, Gold. Um herauszufinden, ob eine Silbe mit „d" oder mit „t" aufhört, kann man die betreffenden Wörter umformen, z. B. Kleid – Kleider, bunt – bunte.

Anmerkung: Das Umformen zur Auslautverhärtung (b, g, d am Silbenende) wurde schon im Grundkurs durchgenommen. Hier wird das Vorgehen durch das Sprechen in Silben noch verbessert. Aber **Achtung!** In Süddeutschland wird auch das „t" beim Umformen wie ein „d" gesprochen. In Süddeutschland sagt man also z. B. nicht /bunte/, sondern /bunde/. Das führt dazu, dass das Umformen nicht hilft. Wenn Sie es bei einem süddeutschen Schüler aber trotzdem anwenden wollen, müssen sie ihn das „t" übertrieben deutlich aussprechen lassen. Auf diese Weise prägt sich bei vielen Wiederholungen die Sprechweise ins Gedächtnis ein. Wenn Sie oder Ihre Schüler das überdeutliche Aussprechen nicht möchten, ist es besser bei Silben, die auf „d" oder „t" enden, auf das Umformen zu verzichten. In dem Fall geht es in diesem Kapitel mit **Übung 5** auf Seite 22 weiter.

Wörter in Silben nachsprechen und umformen — Übung A

Lesen Sie jeweils ein Wort vor. Ein Schüler spricht das Wort nach. Alle Wörter müssen umgeformt werden.

Die Wörter:

rund, echt, dick, reif, schnell, Feld, Schiff, Lied, Gift, Lamm, Hand, Sack, Bett, Zaun, breit, Held, Schaf, satt, Heft, voll, Neid, Bart, klein, dünn

In Silben lesen und dabei Silbenbögen malen. Beim Umformen Pfeile malen. — Übung 1

Die Schüler lesen die Sätze leise für sich in Silben und zeichnen dabei Silbenbögen und Pfeile ein. Zeigen Sie den Schülern anhand der Beispiele, wie das Umformen bei Wörtern geht, die auf „d" oder „t" enden. In jedem Satz muss ein Wort umgeformt werden. Zum Schluss werden die Sätze in Silben und mit den Umformungen vorgelesen.

Übung B — Wörter diktieren

Lesen Sie jeweils ein Wort vor und die Schüler schreiben es so auf, wie sie es gelernt haben. Sagen Sie den Schülern, dass alle Wörter umgeformt werden müssen. Zeigen Sie an der Tafel anhand von „gesund" und „spät", wie sie beim Schreiben und Umformen von Verben vorgehen sollen: Zuerst sprechen sie das Wort bzw. die Silbe (also z. B. „ge - sund" bzw. „spät") und schreiben es dabei auf. Danach malen sie einen Bogen (oder mehrere Bögen) unter das Wort bzw. die Silbe(n). Anschließend formen sie das Wort um, also z. B. „ge - sun - de" bzw. „spä - ter". Zum Schluss malen sie den abgewinkelten Pfeil vor und über das „d" bzw. vor und über das „t".

Die Wörter:

fremd, hart, Wand, dick, backt, Kamm, fein, wild, kommt, leicht, Hemd, Schiff, Zaun, nass, schlecht, Netz, Gold, hell, Sack, Wort, Feind, Bett, weit, dünn, Ball

Übung C — Sätze in Silben nachsprechen und wenn nötig umformen

Sagen Sie den Schülern, dass in jedem Satz ein Wort umgeformt werden muss. Lesen Sie jeweils einen Satz vor. Die Schüler überlegen sich, welches Wort umgeformt wird. Ein Schüler spricht dann den Satz in Silben nach und formt dabei das einschlägige Wort um, nachdem er es so gesprochen hat, wie es in dem Satz steht.

1. Das Kleid ist zu teuer. 2. Sie schreiben es ins Heft. 3. In der Klasse wurde es still. 4. Ich möchte ein Stück Kuchen. 5. Warum ist die Banane krumm? 6. Sein Hemd flatterte an der Leine. 7. Sie schauen mich stumm an. 8. Wir leben in einem schönen Land. 9. Wir kennen den Mann noch nicht. 10. Udo trifft gleich seine Freunde. 11. Sie möchte die Wände bunt anmalen. 12. Die Straßen sind ziemlich breit. 13. Miriam spitzt ihre Bleistifte an. 14. Auf dem Bett liegen seine Sachen.

Erläuterung

Erklären Sie den Schülern, dass das „g" am Ende einer Silbe wie ein „k" gesprochen wird, z. B. Tag, Zug, schräg. Um herauszufinden, ob eine Silbe mit „g" oder mit „k" aufhört, kann man die betreffenden Wörter umformen, z. B. Tag – Tage, stark – starke/stärker.

S. 21 — Wörter finden und umformen

Übung 2 Die Schüler sollen die Wörter mit den fehlenden Buchstaben herausfinden. Alle Wörter mit fehlenden Buchstaben müssen umgeformt werden. Wenn ein Schüler ein Wort gefunden hat, liest er den ganzen Satz in Silben vor. Wenn er an das einschlägige Wort kommt, liest er es vor, formt es um und spricht dann das umgeformte Wort in Silben.

Ein Rätsel — Übung 3

Wie **Übung 3** in Kapitel 1.1 (siehe S. 84).

Sätze diktieren — Übung D

Wie **Übung K** in Kapitel 1.3 (siehe S. 89). Sagen Sie den Schülern, dass in jedem Satz ein Wort umgeformt werden muss.

1. Wir fahren mit dem Zug zu unseren Freunden. 2. Sie wischte den Fleck vom Boden auf. 3. Er soll uns helfen. 4. Die Birnen waren hart wie Steine. 5. Der kleine Affe kletterte den Baustamm hinauf. 6. Sie war stark wie ein Elefant. 7. Er setzt sich auf den Sessel. 8. Der Löwe jagt hinter dem Büffel her.

Erläuterung

Erklären Sie den Schülern, dass das „b" am Ende einer Silbe wie ein „p" gesprochen wird, z. B. Kalb, Lob, taub. Um herauszufinden, ob eine Silbe mit „b" oder mit „p" aufhört, kann man die betreffenden Wörter umformen, z. B. Kalb – Kälber, pumpt – pumpen.

Wörter mit b und p — Übung 4

Die Schüler schreiben die Wörter auf, formen sie um und zeichnen Silbenbögen und Pfeile ein.

Wörter in Silben nachsprechen und wenn nötig umformen — Übung E

Lesen Sie jeweils ein Wort vor. Ein Schüler spricht das Wort nach. Welche Wörter umgeformt werden müssen, sollen die Schüler selbst herausfinden.

Die Wörter:

Kalb, blind, hoffen, aufheben, (er) hupt, hinsetzen, Kaffeekanne, (er) erlaubt, (er) flog, Fensterscheibe, Schlamm, Berg, Schutz, (er) lügt, hell, Stoff, tanzen, (er) schickt, auffallen, Staub, befreien, untersuchen, verlassen, (er) reibt, einsammeln, blind, stumm

S. 22 Übung 5 — Wörter umformen

Zeigen Sie den Schülern anhand des Wortes „Sammler", wie man vorgeht, wenn die Buchstaben, die man durch das Umformen herausfinden kann, sich mitten im Wort befinden. Die Schüler sprechen das Wort zuerst in Silben, also Samm - ler. Dann schreiben sie die erste Silbe auf, wobei sie mitsprechen. Anschließend malen sie einen Silbenbogen unter „Samm". Danach formen sie das Wort um in „sam - meln" und zeichnen einen Pfeil vor und über das zweite „m". Zum Schluss schreiben sie die zweite Silbe, also „ler", auf und malen einen Silbenbogen darunter.

Sagen Sie den Schülern, dass in jedem Satz ein Wort umgeformt werden muss.

Erläuterung

Erklären Sie den Schülern, dass es auch Wörter gibt, bei denen es nicht möglich ist, durch Umformen herauszufinden, wie man das Wort schreibt. So ein Wort ist z. B. herrlich. Wenn man es in Silben teilt, spricht man „herr - lich". Die beiden „r" kann man nicht hören, und man kann es auch nicht so umformen, dass man die beiden „r" hören kann. Bei solchen Wörtern muss man sich die Schreibung so einprägen wie bei anderen Wörtern auch. Zeigen Sie den Schülern, wie man Silbenbögen unter solche Wörter zeichnet: Bei dem Wort „herrlich" kommt der erste Bogen unter „herr" und der zweite unter „lich". Führen Sie als weitere Beispiele noch folgende Wörter an: Schaffner, Rücksicht, Gramm, plötzlich.

Gehen Sie ab jetzt folgendermaßen vor:

- Sammeln Sie die Wörter, bei denen die Schüler bei doppelten Mitlauten einen Fehler gemacht haben. Wiederholen Sie die Wörter über verschiedene Tage mehrmals, wobei die Schüler sie mündlich in Silben schwingen. Falls erforderlich, formen Sie sie vorher um. Damit die Schüler nicht alle Wörter mechanisch silbieren, flechten Sie auch Wörter ohne doppelte Mitlaute ein.

- Lassen Sie die Schüler Texte lesen und dabei Silbenbögen und Pfeile einzeichnen. Auf diese Weise lernen die Schüler allmählich, welche Wörter sie umformen müssen und welche nicht.

  Allerdings eignen sich die meisten Texte nicht zum Silbeneinzeichnen, weil die Zeilenabstände zu klein sind. Verwenden Sie deshalb Kinderbücher in Großdruck, bei denen die Zeilenabstände größer sind, als es sonst üblich ist. In den Büchern, die Sie auswählen, werden auch etliche Wörter vorkommen, die für die Schüler zu schwierig sind. Zeichnen Sie – bevor sie die entsprechenden Seiten kopieren – bei solchen Wörtern die Silbenbögen und Pfeile selbst ein.

- Diktieren Sie den Schülern Sätze, die sie so schreiben, wie sie es hier gelernt haben. Dazu können Sie ebenfalls Texte aus dem Unterricht verwenden. Lassen Sie dabei zu Anfang besonders schwierige Wörter aus oder ersetzen Sie sie durch leichtere.

- Wenn die Schüler die hier eingeübte Art des Schreibens recht gut beherrschen, werden Teile davon wieder ausgeblendet:
  - Die Schüler malen nicht mehr nach jeder Silbe einen Silbenbogen, sondern nur noch nach jedem Wort.
  - Können die Schüler auch das und haben sie in der Rechtschreibung schon einige Fortschritte erzielt, so entfallen die Silbenbögen ganz. Das leise Mitsprechen wird aber immer beibehalten.
  - Wenn die Schüler gute Fortschritte erzielt haben, entfällt beim Schreiben eines Wortes auch das vorherige Sprechen in Silben.

- Damit die Schüler die eingeübte Art des Schreibens auch tatsächlich anwenden, sollten Sie (oder der Deutschlehrer im regulären Unterricht) die betreffenden Schüler immer wieder darauf hinweisen und die Anwendung auch kontrollieren.

Eine sehr gute Möglichkeit besteht bei Diktaten in Folgendem: Wenn sich die Schüler nach dem Diktieren das, was sie geschrieben haben, noch einmal durchlesen, zeichnen sie dabei Silbenbögen und Pfeile ein. Zu diesem Zweck muss jeweils eine Zeile freigelassen werden, damit für die Silbenbögen genügend Platz ist.

In einem späteren Stadium können die Schüler auch Folgendes machen: Sie zeichnen nach dem Diktat nicht wirklich Silbenbögen und Pfeile ein, sondern sie drehen ihren Stift um, „malen" die Silbenbögen und Pfeile mit dem Ende, das nicht schreibt.

2. Einüben der nächsten 200 häufigsten Fehlerwörter

Die 200 Wörter werden im Folgenden in acht Abschnitten zu je 25 Wörtern eingeübt. Zur Erfolgskontrolle können Sie – wie im Grundkurs – vor und nach jedem Abschnitt einen Test durchführen. Im Gegensatz zum Grundkurs werden die Wörter der Vor- und Nachtests aber nicht auf vorgedruckte Arbeitsblätter geschrieben. Vielmehr verwenden die Schüler leere Blätter, auf die sie ihren Namen schreiben.

2.1 Wort 101 bis 125

Diktieren Sie die Wörter bitte folgendermaßen: Zuerst wird ein Satz vorgelesen. Dann wird ein Wort aus dem Satz zweimal wiederholt. Die Schüler schreiben nur das wiederholte Wort auf. Der Satz dient lediglich zur Veranschaulichung der Wortbedeutung.

1. Wir hoffen, dass er bald wiederkommt. – *hoffen, hoffen* 2. Sie wanderten durch einen dichten Wald. – *Wald, Wald* 3. Er liest die Zeitung. – *liest, liest* 4. Das Feuer durfte nicht mehr brennen. – *brennen, brennen* 5. Peter trinkt ein Glas Milch. – *Glas, Glas* 6. Alle konnten es gut verstehen. – *verstehen, verstehen* 7. Sie spielt mit ihrer Puppe. – *Puppe, Puppe* 8. Hans schlief, während Irma arbeitete. – *während, während* 9. Wie hoch ist der Berg? – *Berg, Berg* 10. Die Mutter umarmte ihren Sohn. – *Sohn, Sohn* 11. Das darf doch nicht wahr sein. – *wahr, wahr* 12. Das kranke Pferd konnte nicht mehr fressen. – *fressen, fressen* 13. Das Bild hängt schief. – *schief, schief* 14. Lars ist der dritte Junge in der Reihe. – *dritte, dritte* 15. Das Auto war schon wieder kaputt. – *kaputt, kaputt* 16. Die Bretter sind noch nicht dünn genug. – *dünn, dünn* 17. Früher sah er ganz anders aus. – *anders, anders* 18. Das Lied war ganz lustig. – *lustig, lustig* 19. Er schaute mich erschrocken an. – *erschrocken, erschrocken* 20. Sie trank ein großes Glas Wasser. – *Wasser, Wasser* 21. Er biegt das Rohr zur Seite. – *biegt, biegt* 22. Im Zimmer war das Licht an. – *Zimmer, Zimmer* 23. Die ganze Familie saß im Auto. – *Familie, Familie* 24. Im Sommer ist es abends länger hell. – *abends, abends* 25. Sie kommen jeden Montag zusammen. – *zusammen, zusammen*

Einüben der Wörter

Wie im Grundkurs sind die 25 Lernwörter eines Abschnitts immer in zwei Teile (A und B) zu je 12 bzw. 13 Wörtern geteilt. In jedem Teil (A bzw. B) wird jedes Wort viermal durchgenommen.

Im Vergleich zum Grundkurs ist der Aufbaukurs etwas gestrafft worden: Die 200 Wörter werden immer schriftlich eingeübt, und jede Übung enthält alle 12 bzw. 13 Wörter eines jeweiligen Kapitels.

Möchten Sie die Wörter insgesamt weniger als viermal wiederholen, können Sie also eine oder mehrere Übungen weglassen. Bedenken Sie aber: Ohne mehrfache Wiederholungen können – insbesondere bei den schwachen Schülern – keine Leistungsverbesserungen erzielt werden.

Zu den Lernwörtern (z. B. brennen) gibt es eine Reihe von Wortfamilien (z. B. anbrennen, verbrennen) und Ableitungen (z. B. gebrannt). Solche Wörter werden – wie im Grundkurs – mündlich eingeübt.

Die meisten Übungsarten entsprechen denen aus dem Grundkurs. Einige Übungsarten sind im Aufbaukurs jedoch neu oder gestrafft.

Teil A: Wort 101 bis 112
Wörter raten und aufschreiben

Die Schüler sollen die fehlenden Buchstaben, die in die Lücken gehören, herausfinden. Damit es nicht zu schwer ist, sind zusätzlich noch Sätze aufgeführt, in denen das jeweilige Lückenwort fehlt. Die Stelle, an die das Wort gehört, ist durch drei Auslassungspunkte (...) gekennzeichnet.

Wenn ein Schüler das erste Wort gefunden hat, meldet er sich und liest das Wort vor. Wenn kein Schüler das Wort findet, bilden Sie einen weiteren Beispielsatz, in dem das Wort vorkommt. In dem Satz lassen Sie das Wort dann aus. Findet auch dann kein Schüler das Lückenwort heraus, lesen Sie es vor.

In manchen Wörtern ist mehr als eine Lücke. Bei ihnen ist es nicht immer leicht herauszufinden, wie sie heißen. Um die Schüler zum Suchen zu ermuntern, können Sie sagen: Bei diesem Wort gibt es zwei Lücken. Deswegen ist es nicht ganz leicht herauszufinden, wie das Wort heißt. Soll ich das Wort gleich vorlesen, oder wollt ihr selbst versuchen, es herauszufinden?

Wenn ein Wort gefunden ist, drehen die Schüler ihr Arbeitsblatt um und schreiben das Wort in ihr Heft. Danach schreiben Sie es an die Tafel und die Schüler korrigieren etwaige Fehler. Anschließend kommt das nächste Wort an die Reihe usw.

Es ist nicht notwendig, dass Sie selbst die Aufschriebe korrigieren. Die Schüler übersehen zwar einen Teil ihrer Fehler, aber dennoch hat die Übung einen beträchtlichen Lerneffekt. Um die Selbstkorrekturen der Schüler zu erleichtern, können Sie bei Ihrem Tafelanschrieb die schwierigen Buchstaben in den Wörtern (in dem Wort *hoffen* z. B. die Buchstaben „ff" und in dem Wort *während* die Buchstaben „äh" und „d") zusätzlich unterstreichen.

Gegenseitig diktieren
S. 24 / Übung 2

Jeweils zwei Schüler diktieren sich gegenseitig die Übungswörter. Der erste Schüler dreht sein Übungsblatt um, sodass er die Übungswörter und -sätze nicht sehen kann. Der zweite Schüler liest dem ersten Schüler den ersten Satz vor. Anschließend wiederholt er ein Wort aus dem Satz zweimal. Der zweite Schüler schreibt nur das wiederholte Wort auf ein Blatt oder in sein Heft. Danach kommt der nächste Satz bzw. das nächste Übungswort an die Reihe usw. Wenn alle dreizehn Wörter aufgeschrieben sind, werden die Rollen getauscht und der erste Schüler diktiert dem zweiten Schüler. Dabei liest er die Sätze und Wörter in der zweiten Spalte vor. Damit die Schüler sich die Rechtschreibung wortbezogen und nicht im Hinblick auf einen Satz einprägen, sind die Wörter der beiden Spalten in verschiedene Sätze eingebettet.

Wenn alle Wörter aufgeschrieben sind, verbessern die Schüler ihre Fehler mithilfe ihres Übungsblattes. Es ist auch möglich, dass jeder Schüler die Fehler seines Nachbarn sucht und anstreicht. Falsch geschriebene Wörter werden auf einem Blatt oder im Schulheft noch einmal richtig aufgeschrieben. Eine weitere Möglichkeit besteht darin, dass der diktierende Schüler seinen Nachbarn schon während des Schreibens auf Fehler aufmerksam macht und das Wort dann sofort neu aufgeschrieben wird.

Auch bei dieser Übungsart ist es nicht erforderlich, dass Sie selbst die Aufschriebe der Schüler korrigieren.

Wortfamilien mündlich üben
Übung A

Die Übung geht genauso wie im Grundkurs:

Sie lesen ein Wort vor, z. B. Hoffnung. Jeder Schüler überlegt sich, welches Wort in *Hoffnung* „drinsteckt". Anschließend sagt der Schüler, der drankommt: *Hoffen* mit *ff*, *Hoffnung* auch mit *ff*.

Ein anderes Beispiel:

Sie lesen vor: Waldweg.

Der Schüler, der drankommt, sagt: *Wald* mit *d*, *Waldweg* auch mit *d*.

Es empfiehlt sich, dieses Antwortmuster immer beizubehalten. Wenn ein Schüler beim Aufschreiben von Sätzen ein Wort aus einem anderen ableitet, besteht die Gefahr, dass er nicht das abgeleitete, sondern das Ursprungswort aufschreibt. Wenn er z. B. den Satz „Er hat die Hoffnung aufgegeben" aufschreibt und dabei das Wort *Hoffnung* aus dem Wort *hoffen* ableitet, so kann es passieren, dass er nicht das Wort *Hoffnung*, sondern das Wort *hoffen* aufschreibt. Diese Tendenz wird verringert, wenn das obige Muster immer wieder angewendet wird. Denn dabei benennt der Schüler das abgeleitete Wort als Letztes. Dadurch verringert sich die Verwechslungsgefahr mit dem Ursprungswort.

In manchen Wörtern „stecken auch Wörter drin", die zuvor nicht geübt worden sind bzw. die keine Rechtschreibschwierigkeiten aufweisen (z. B. „Fern" in „Fernglas"). Gehen Sie auf diese Wortteile **nicht** ein. Wenn ein Schüler sie benennt, ist es natürlich kein Fehler.

Nehmen Sie die Übung mehrfach durch, wobei sie die Wörter in einer unregelmäßigen Reihenfolge abfragen. Bei manchen Wörtern ist zur Veranschaulichung der Bedeutung ein Satz formuliert.

Die Wörter:

Ho*ff*nung (hoffen), Wal*d*weg (Wald), Wassergla*s* (Glas), Pu*pp*enwagen (Puppe), woander*s* (anders), ho*ff*entlich (hoffen), Dri*tt*el (dritte), Wal*d*rand (Wald), Fenstergla*s* (Glas), Ich habe geho*fft*, dass du mitkommst. – geho*fft* (ho*ff*en), Pu*pp*enstube (Puppe), Glattei*s* (Eis), Ferngla*s* (Glas), ho*ff*nungslos (Hoffnung)

Rätsel mit Geheimzahl
S. 25 / Übung 3

Die Schüler sollen die Wörter mit den Lücken herausfinden und auf ein **Blatt** schreiben. Damit es nicht zu schwer ist, sind die Wörter in Sätze eingebettet. Die „Geheimzahlen" dienen dazu, ein Lösungswort zu finden.

In manchen Wörtern kommt mehr als eine schwierige Stelle vor (z. B. l**ies**t, w**ähren**d). Solche Wörter kommen in einigem Abstand pro schwierige Stelle einmal vor. So kommt das Wort *liest* z. B. zweimal vor, einmal am Anfang und einmal gegen Ende der Übung. Dementsprechend schreiben die Schüler das Wort auch zweimal auf.

Begründung: Solche Wörter sind schwieriger zu lernen. Deswegen müssen sie häufiger aufgeschrieben werden als Wörter mit nur einer schwierigen Stelle.

Achtung! Es könnte sein, dass die Schüler bei Wörtern mit mehreren schwierigen Stellen (z. B. „lie-t und „l-st") bei denjenigen Wörtern die schwierige Stelle abschreiben, bei denen der entsprechende Buchstabe vorgegeben ist. Wenn sie, z. B. am Anfang der Übung, das „s" bei „lie-" erschließen sollen, könnten sie es gegen Ende der Übung bei „l-st" abschreiben. Damit so etwas nicht passiert, falten die Schüler die Arbeitsblätter an der gestrichelten Linie, und zwar **bevor** sie die Wörter vor der gestrichelten Linie bearbeiten. Nach dem Falten sind in dieser Übung (Übung 3) die ersten drei Aufgaben sichtbar. Diese elf Sätze werden zuerst bearbeitet. Wenn die Schüler damit fertig sind, wird das Blatt herumgedreht, sodass die restlichen Sätze bearbeitet werden können. Danach kann es sein, dass die Schüler bei den Wörtern abschreiben, die sie schon auf ihr Blatt geschrieben haben. Um das zu verhindern, falten die Schüler ihr Blatt, auf das sie schreiben, ebenfalls, und zwar **nachdem** sie die Sätze vor der gestrichelten Linie bearbeitet haben.

Erläutern Sie die Aufgabe folgendermaßen:

Als Erstes faltet ihr euer Arbeitsblatt an der gestrichelten Linie. (Zeigen Sie den Schülern anhand eines Arbeitsblattes, wie das geht.)

Jetzt kommt ein Rätsel mit Geheimzahlen. In der ersten Zeile steht ganz vorne „Geheimzahl", und darunter steht „Lösungsbuchstabe". Was es damit auf sich hat, erkläre ich euch gleich.

Schaut nun auf die Zeile darunter. Dort steht ein Satz. In dem Satz kommt ein Wort mit einer Lücke vor. Ihr sollt herausfinden, welches Wort das ist, und dann sollt ihr das Wort auf ein Blatt schreiben. Im ersten Satz beginnt das Wort mit der Lücke mit „lie", dann kommt die Lücke und dann kommt „t". In der Lücke fehlen ein oder mehrere Buchstaben. Welche das sein könnten, steht in Klammern hinter dem Wort. Im ersten Satz steht hinter dem Wort mit der Lücke „ss = 4" oder „ß = 15" oder „s = 13". Eine dieser Lösungen ist richtig.

Wie heißt nun das Wort mit der Lücke?

Ein Schüler sagt: Liest.

Richtig, das Wort heißt „liest". Schreibt nun alle das Wort „liest" auf euer Blatt.

Wenn alle Schüler das Wort geschrieben haben:

In den Klammern hinter dem Wort steht: „ss = 4" oder „ß = 15" oder „s = 13". Die drei Zahlen sind Geheimzahlen. Mit ihrer Hilfe prüft ihr nach, ob ihr das Wort richtig geschrieben habt.

Schreibt man „liest" mit „ss", mit „ß" oder mit „s"?

Ein Schüler sagt: Mit „s".

Richtig, man schreibt „liest" mit „s". Neben „s" steht die Geheimzahl „13". Schaut jetzt unter die Übung, wo das Wort „Zahlen" steht. Tragt in das erste Kästchen die Zahl „13" ein.

Nun kommt der nächste Satz an die Reihe. In diesem Satz steht wieder ein Wort mit einer Lücke. Wie heißt das Wort?

Ein Schüler sagt: Lustig.

Richtig, das Lückenwort heißt „lustig".

Schreibt nun alle das Wort „lustig" auf euer Blatt.

Wenn alle Schüler das Wort geschrieben haben:

Wird das Wort „lustig" mit „g" oder mit „ch" geschrieben?

Ein Schüler sagt: Mit „g".

Richtig, man schreibt „lustig" mit „g". Neben dem „g" steht die Geheimzahl „1". Schreibt nun die Zahl „1" in das zweite Kästchen.

Nun kommt der nächste Satz. Schreibt das Lückenwort auf euer Blatt.

Schreibt man das Wort mit „ä" oder mit „äh"?

Ein Schüler sagt: Mit „äh".

Richtig, man schreibt „während" mit „äh". Neben „äh" steht die Zahl „15". Schreibt die Zahl „15" jetzt in das dritte Kästchen.

Nun schauen wir nach oben bei den Geheimzahlen nach, wie das Lösungswort heißt. Zuerst schauen wir nach, welcher Buchstabe unter der „13" steht. Dort steht das „o". Das ist der erste Buchstabe für das Lösungswort. Den schreiben wir jetzt unter die Übung in das erste Kästchen unter der Zahl „13". Jetzt schauen wir oben bei den Geheimzahlen bei der „1" nach. Darunter steht der Buchstabe „f". Das ist der zweite Buchstabe für das Lösungswort. In das zweite Kästchen unter die Zahl „1" schreiben wir also den Buchstaben „f". Und nun schauen wir wieder oben bei den Geheimzahlen bei der „15" nach. Darunter steht der Buchstabe „t" und den schreiben wir jetzt in das dritte Kästchen neben dem Lösungswort.

Wie heißt nun das Lösungswort?

Wenn ein Schüler „oft" sagt:
Richtig, das Lösungswort heißt „oft".
Jetzt arbeitet jeder für sich allein weiter.

Die Schüler schreiben die Wörter in einer Stillarbeit auf. Wenn alle Schüler fertig sind, schreiben Sie die Wörter an die Tafel und unterstreichen Sie jeweils die schwierige Stelle. Hat ein Wort mehr als eine schwierige Stelle (z. B. während), so schreiben Sie es so oft auf, wie es vorkommt, wobei Sie jeweils diejenige schwierige Stelle unterstreichen, um die es geht (z. B. zunächst „w<u>äh</u>rend" und später „währ<u>en</u>d"). Die Schüler korrigieren anhand des Tafelanschriebs ihre Fehler, d. h., sie schreiben falsch geschriebene Wörter erneut richtig auf. Zum Schluss fragen Sie die Lösungswörter ab.

Übung B — Wörter diktieren

In dieser Übung diktieren Sie alle dreizehn Wörter. Nachdem Sie ein Wort diktiert haben, schreiben Sie es an die Tafel, und die Schüler verbessern ihre Fehler. Auch in dieser Übung ist es nicht erforderlich, dass Sie die Aufschriebe der Schüler korrigieren.

1. Wir hoffen, dass in den Ferien schönes Wetter ist. – *hoffen, hoffen* 2. Man soll keine Musik während der Hausaufgaben hören. – *während, während* 3. Leas Puppe liegt auf dem Sofa. – *Puppe, Puppe* 4. Der Schrank steht schief. – *schief, schief* 5. Der kleine Junge sieht ganz lustig aus. – *lustig, lustig* 6. Die Tür war aus Glas. – *Glas, Glas* 7. Als wir hörten, was passiert war, waren wir ganz erschrocken. – *erschrocken, erschrocken* 8. Sie wanderten durch den dichten Wald. – *Wald, Wald* 9. Seine Freunde sind zusammen hierher gefahren. – *zusammen, zusammen* 10. Er isst schon die dritte Scheibe Brot. – *dritte, dritte* 11. Jan liest oft in seinem Lieblingsbuch. – *liest, liest* 12. Die Decke ist in diesem Haus zu dünn. – *dünn, dünn* 13. Früher sah es hier ganz anders aus. – *anders, anders*

Teil B: Wort 114 bis 125

S. 26 / Übung 1 — Wörter raten und aufschreiben

Anleitung siehe S. 98 f., Übung 1.

S. 27 / Übung 2 — Gegenseitig diktieren

Anleitung siehe S. 99, Übung 2.

Übung A — Wortfamilien mündlich üben

Anleitung siehe S. 99, Übung A.

Die Wörter:
anbre**nn**en (bre**nn**en), verb**ieg**t (b**ieg**t), Wa**ss**erleitung (Wa**ss**er), W**ah**rheit (w**ah**r), verbre**nn**en (bre**nn**en), Fam**ilie**nname (Fam**ilie**), Schlafzi**mm**er (Zi**mm**er), auffre**ss**en (fre**ss**en), gebra**nn**t (bre**nn**en)

S. 28 / Übung 3 — Rätsel mit Geheimzahl

Anleitung siehe S. 99 f., Übung 3. Damit nicht abgeschrieben werden kann, müssen bei dieser Übung das Arbeitsblatt und das Blatt, auf das die Schüler schreiben, zweimal gefaltet werden.

Übung B — Wörter diktieren

Anleitung siehe links, Übung B.

1. Sein Sohn heißt Fred. – *Sohn, Sohn* 2. Wir gehen abends früh ins Bett. – *abends, abends* 3. Seine Augen brennen vor Müdigkeit. – *brennen, brennen* 4. Ist das wirklich wahr? – *wahr, wahr* 5. Die Badewanne ist voll Wasser. – *Wasser, Wasser* 6. Der Fahrradfahrer biegt gleich in die Einfahrt ab. – *biegt, biegt* 7. Jens macht in seinem Zimmer die Hausaufgaben. – *Zimmer, Zimmer* 8. Ich kann dich gut verstehen. – *verstehen, verstehen* 9. Auf dem Berg steht ein kleines Häuschen. – *Berg, Berg* 10. Das Telefon ist kaputt. – *kaputt, kaputt* 11. Sie lebt in einer großen Familie. – *Familie, Familie* 12. Die Schweine fressen den ganzen Tag. – *fressen, fressen*

Nachtest

Diktieren Sie die Wörter bitte genauso wie im Vortest (siehe S. 98).

Um den Schülern ihren Lernerfolg deutlich zu machen, können Sie die Aufschriebe korrigieren und den Schülern zurückgeben. Es besteht auch die Möglichkeit, den Lernerfolg optisch zu veranschaulichen. Zu diesem Zweck können Sie die Tabelle im Anhang (siehe S. 121 f.) kopieren und für jeden Schüler die Zahl der im Vor- und Nachtest richtig geschriebenen Wörter eintragen.

Bedenken Sie: Es ist nicht zu erwarten, dass die Schüler nun alle Wörter richtig schreiben. Die Verbesserungen liegen im Durchschnitt bei etwa 40 bis 70 Prozent.

1. Die Tiere fressen alles auf. – *fressen, fressen* 2. Wir fahren zusammen mit der Eisenbahn. – *zusammen, zusammen* 3. Früher sah er ganz anders aus. – *anders, anders* 4. Heute sind wir sehr lustig. – *lustig, lustig* 5. Wir hoffen, dass es bald losgeht. – *hoffen, hoffen* 6. Ihr Sohn ist schon größer als sie selbst. – *Sohn, Sohn* 7. Der Baum ist ganz schief gewachsen. – *schief, schief* 8. Es ist nicht wahr, was er behauptet. – *wahr, wahr* 9. Wir wohnen im dritten Haus. – *dritten, dritten* 10. Im Winter wird es abends früh dunkel. – *abends,*

abends 11. Sie trinkt einen Schluck Wasser – *Wasser, Wasser* 12. Was liest du da? – *liest, liest* 13. Ina zieht ihrer Puppe ein Kleid an. – *Puppe, Puppe* 14. Vom Berg aus hat man eine gute Aussicht. – *Berg, Berg* 15. Ist die Brille aus Glas? – *Glas, Glas* 16. Er las die Zeitung, während er mit dem Zug fuhr. – *während, während* 17. Das kleine Mädchen ist ein wenig zu dünn. – *dünn, dünn* 18. Im Wald haben wir Rehe gesehen. – *Wald, Wald* 19. Die Aufgabe kann man gut verstehen. – *verstehen, verstehen* 20. In meinem Zimmer ist es aufgeräumt. – *Zimmer, Zimmer* 21. Da biegt jemand um die Ecke. – *biegt, biegt* 22. Er zuckte erschrocken zusammen. – *erschrocken, erschrocken* 23. Das Radio ist schon lange kaputt. – *kaputt, kaputt* 24. Der alte Mann wohnt mit seiner ganzen Familie in einem kleinen Haus. – *Familie, Familie* 25. Die Kerzen brennen schon. – *brennen, brennen*

2.2 Wort 126 bis 150

Vortest Anleitung siehe S. 98.

1. Sie beißen in ihr Frühstücksbrot. – *beißen, beißen* 2. Er möchte das Spiel unbedingt gewinnen. – *gewinnen, gewinnen* 3. Ich darf mein Geld nicht verlieren. – *verlieren, verlieren* 4. Er *(sprechen Sie „braucht" wie in der Umgangssprache als „brauch")* braucht nicht zu kommen. – *braucht, braucht*. 5. Er hat es schließlich doch geschafft. – *schließlich, schließlich*. 6. Der Fehler war nicht weiter schlimm. – *schlimm, schlimm* 7. Er half uns, obwohl wir ihn nicht darum gebeten hatten. – *obwohl, obwohl* 8. Der Bus hält dort drüben. – *Bus, Bus* 9. Das Vögelchen war schon tot. – *tot, tot* 10. Hier ist kein Platz mehr. – *Platz, Platz* 11. Sie isst ihren Teller leer. – *Teller, Teller* 12. Fast das ganze Volk wohnt in den Bergen. – *Volk, Volk* 13. Er kann uns nichts befehlen. – *befehlen, befehlen* 14. Ihre Oma las ihnen eine Geschichte vor. – *las, las* 15. Das Mädchen ist sehr klug. – *klug, klug* 16. Er kauft ein halbes Pfund Butter. – *Butter, Butter* 17. Sie leben in einer großen Stadt. – *Stadt, Stadt* 18. Sie kamen um zehn Uhr. – *zehn, zehn* 19. Sie möchte Bonbons und außerdem einen Lutscher. – *außerdem, außerdem* 20. Sein Fuß hinterließ im Sand einen Abdruck. – *Fuß, Fuß* 21. Ich habe ihn an seiner Stimme erkannt. – *Stimme, Stimme* 22. Sie machen sich auf den Weg. – *Weg, Weg* 23. Meistens stehen wir früh auf. – *früh, früh* 24. Sie möchten einen Schatz entdecken. – *entdecken, entdecken* 25. Er weiß es selbst nicht. – *selbst, selbst*

Teil A: Wort 126 bis 138
Erläuterung

Erklären Sie den Schülern, dass das Wort „Tod/tot" Substantiv oder Adjektiv sein kann. Wenn es Substantiv ist, wird es am Ende mit „d" geschrieben, und wenn es Adjektiv ist, am Ende mit „t". Sie können den Schülern folgenden Merkspruch sagen: Wenn der Tod vorne groß ist, hat er hinten ein kleines „d".

Setze *Tod* oder *tot* ein!   S. 29   Übung 1

Die Schüler prüfen nach, ob in die Lücken *Tod* oder *tot* eingesetzt werden muss und tragen die Wörter dann ein.

Wörter raten und aufschreiben   S. 30   Übung 2

Anleitung siehe S. 98 f., Übung 1.

Gegenseitig diktieren   S. 31   Übung 3

Anleitung siehe S. 99, Übung 2.

Wortfamilien mündlich üben   Übung A

Anleitung siehe S. 99, Übung A.

Die Wörter:

Fu**ß**weg (Fu**ß**), Fr**üh**ling (fr**üh**), Gewi**nn**er (gewi**nn**en), anb**eiß**en (b**eiß**en), Fu**ß**boden (Fu**ß**), fr**üh**er (fr**üh**), Gewi**nn** (gewi**nn**en), Bef**eh**l (bef**eh**len), Fr**üh**jahr (fr**üh**), abb**eiß**en (b**eiß**en), Fu**ß**ball (Fu**ß**), Fr**üh**stück (fr**üh**)

Rätsel mit Geheimzahl   S. 32   Übung 4

Anleitung siehe S. 99 f., Übung 3.

Wörter diktieren   Übung B

Anleitung siehe S. 101, Übung B.

1. Seine Verletzung war nicht so schlimm. – *schlimm, schlimm* 2. Ein Volk besteht aus einer großen Zahl von Menschen. – *Volk, Volk* 3. Sie steckte mit einem Fuß in einem Loch. – *Fuß, Fuß* 4. Warum wollt ihr das den Leuten befehlen? – *befehlen, befehlen* 5. Er ging uns schließlich auf die Nerven. – *schließlich, schließlich* 6. Wenn sie gewinnen, freuen sie sich sehr. – *gewinnen, gewinnen* 7. Er braucht es gar nicht erst zu versuchen. – *braucht, braucht* 8. Sie schauen sich den Film an, obwohl er langweilig ist. – *obwohl, obwohl* 9. Sie fuhren nach Köln und außerdem nach Hamburg. – *außerdem, außerdem* 10. Sie schmierte

sich ein Brot mit Butter und Marmelade. – *Butter, Butter* 11. Er geht schon früh am Morgen spazieren. – *früh, früh* 12. Von ihrem Tod haben sie nichts gewusst. – *Tod, Tod* 13. Er möchte in den Apfel beißen. – *beißen, beißen*

Teil B: Wort 139 bis 150

S. 33 Wörter raten und aufschreiben

Übung 1 Anleitung siehe S. 98f., **Übung 1**.

S. 34 Gegenseitig diktieren

Übung 2 Anleitung siehe S. 99, **Übung 2**.

Übung A Wortfamilien mündlich üben

Anleitung siehe S. 99, **Übung A**.
Die Wörter:
Sitzpla**tz** (Pla**tz**), Schulwe**g** (We**g**), Hafensta**dt** (Sta**dt**), Autobu**s** (Bu**s**), Sitzpla**tz** (Pla**tz**), Waldwe**g** (We**g**), sel**bs**tständig (sel**bs**t), Großsta**dt** (Sta**dt**)

S. 35 Rätsel mit Geheimzahl

Übung 3 Anleitung siehe S. 99f., **Übung 3**.

Übung B Wörter diktieren

Anleitung siehe S. 101, **Übung B**.
1. Was er getan hat, war sehr klug. – *klug, klug* 2. Wir möchten das Spiel auf keinen Fall verlieren. – *verlieren, verlieren* 3. Sie hat ihre Stimme verstellt. – *Stimme, Stimme* 4. Er isst einen Teller Suppe. – *Teller, Teller* 5. Er blieb mitten auf dem Weg stehen. – *Weg, Weg* 6. Sie las ein Gedicht vor. – *las, las* 7. Ein Mensch hat zehn Finger. – *zehn, zehn* 8. Er ist mit dem Bus gekommen. – *Bus, Bus* 9. In der Stadt ist heute viel los. – *Stadt, Stadt* 10. Im Wald gibt es viel zu entdecken. – *entdecken, entdecken* 11. Sie hat es selbst versucht. – *selbst, selbst* 12. Ist hier noch ein Platz frei? – *Platz, Platz*

Diktieren Sie die Wörter bitte genauso wie im **Vortest** (siehe S. 98).
1. Mein Fuß tat weh. – *Fuß, Fuß* 2. Viele Menschen möchten im Lotto gewinnen. – *gewinnen, gewinnen*. 3. Er sagte nichts, obwohl er wusste, dass sie log. – *obwohl, obwohl* 4. Das Verbrechen war sehr schlimm. – *schlimm, schlimm* 5. Er braucht unsere Hilfe nicht. – *braucht, braucht* 6. Sie befehlen es, aber niemand gehorcht. – *befehlen, befehlen* 7. Sie haben ihr Ziel schließlich erreicht. – *schließlich, schließlich* 8. Wir waren auf dem richtigen Weg. – *Weg, Weg* 9. Die Ratten im Kanal waren schon tot. – *tot, tot* 10. Der Mann gehörte einem stolzen Volk an. – *Volk, Volk* 11. Wir fuhren mit einem Bus in den Urlaub. – *Bus, Bus* 12. Im Stall waren zehn Ferkel. – *zehn, zehn* 13. Wir dürfen unser Geld nicht verlieren. – *verlieren, verlieren* 14. Sie hob den zerbrochenen Teller auf. – *Teller, Teller* 15. Er malte eine Kuh und außerdem ein Pferd. – *außerdem, außerdem* 16. Er möchte nicht, dass sie ihn entdecken. – *entdecken, entdecken* 17. Das war nicht sehr klug von uns. – *klug, klug* 18. Seine Stimme klang ganz tief. – *Stimme, Stimme* 19. Anne las in einem dicken Buch. – *las, las* 20. Wir fuhren durch die ganze Stadt. – *Stadt, Stadt* 21. Auf dem Sofa ist noch Platz. – *Platz, Platz* 22. Er hat es dann selbst gemerkt. – *selbst, selbst* 23. Butter schmilzt in der Sonne. – *Butter, Butter* 24. Sie gingen früh am Morgen los. – *früh, früh* 25. Die Hunde beißen sich gegenseitig. – *beißen, beißen*

2.3 Wort 151 bis 175

Anleitung siehe S. 98.   **Vortest**

1. Wir haben ihn überall gesucht. – *überall, überall* 2. Die Wolken ziehen vorbei. – *ziehen, ziehen* 3. Das musst du uns erklären. – *erklären, erklären* 4. Sie saß rechts neben mir. – *rechts, rechts* 5. Wir treffen uns an der Kirche. – *treffen, treffen* 6. Ich weiß nicht, wie sie heißen. – *heißen, heißen* 7. Die Decke seines Zimmers wurde neu gestrichen. – *Decke, Decke* 8. Bei schönem Wetter gehen wir spazieren. – *Wetter, Wetter* 9. Sie haben häufig miteinander gespielt. – *häufig, häufig* 10. Ich habe auf seinem Platz gesessen. – *gesessen, gesessen* 11. Die Wege führen alle nach Hause. – *führen, führen* 12. Kannst du mir ein Beispiel dafür nennen? – *Beispiel, Beispiel* 13. Im Hafen liegt ein großes Schiff vor Anker. – *Schiff, Schiff* 14. Warum schaust du mich so traurig an? – *traurig, traurig* 15. Sie aß ein halbes Hähnchen. – *aß, aß* 16. Sie schreibt es auf ein Blatt Papier. – *Blatt, Blatt* 17. Er ist klein, aber sehr kräftig. – *kräftig, kräftig* 18. Der Stuhl ist zu hoch für das kleine Mädchen. – *Stuhl, Stuhl* 19. Im Sommer scheint oft die Sonne. – *Sommer, Sommer* 20. Die Bäche fließen den Berg hinunter. – *fließen, fließen* 21. Ein Apfel hängt noch am Baum. – *hängt, hängt* 22. Wir fahren mit der Bahn nach Berlin. – *Bahn, Bahn* 23. Ohne Brille kann er kaum etwas sehen. – *Brille, Brille* 24. Er trägt ein weißes Hemd. – *weißes,*

weißes 25. Das habe ich in dem neuen Geschäft gekauft. – *Geschäft, Geschäft*

Teil A: Wort 151 bis 163

S. 36 **Wörter raten und aufschreiben**
Übung 1 Anleitung siehe S. 98 f., Übung 1.

S. 37 **Gegenseitig diktieren**
Übung 2 Anleitung siehe S. 99, Übung 2.

Übung A **Wortfamilien mündlich üben**
Anleitung siehe S. 99, Übung A.
Die Wörter:

an*zieh*en (*zieh*en), B*ah*nhof (B*ah*n), F*üh*rer (f*üh*ren), gesch*äft*lich (Gesch*äft*), Be*zie*hung (*zieh*en), aufde*ck*en (De*ck*e), durchf*üh*ren (f*üh*ren), So*mm*erferien (So*mm*er), Fahrb*ah*n (B*ah*n), er*zieh*en (*zieh*en), Tischde*ck*e (De*ck*e), Anf*üh*rer (f*üh*ren), Eisenb*ah*n (B*ah*n)

S. 38 **Zwei Mannschaften**
Übung 3 Die Tabelle steht ohne Buchstaben auf dem Arbeitsblatt für die Schüler.

Wort	1	2	3	4	5	6	7	8
1	g	e	s	*s*	*s*	e	n	
2	k	r	ä	f	t	i	*g*	
3	r	e	c	h	*t*	*s*		
4	f	ü	*h*	r	e	n		
5	*W*	e	*t*	*t*	e	r		
6	t	r	a	u	r	i	*g*	
7	*G*	e	s	c	h	*ä*	f	t
8	ü	b	e	r	a	*l*	*l*	
9	*S*	o	*m*	*m*	e	r		
10	z	*i*	*e*	*h*	e	n		
11	*D*	e	*c*	*k*	e			
12	*B*	a	*h*	n				
13	t	r	e	*f*	*f*	e	n	

Teilen Sie die Schüler in zwei Gruppen. Die Aufgabe der Schüler besteht darin, die Wörter zu erraten.

Sie benennen vom ersten Wort einen Buchstaben. Sie sagen z. B.: Buchstabe 4 ist ein „e". Sie können einen beliebigen Buchstaben benennen, ausgenommen die kursiv und fett gedruckten Buchstaben an den rechtschreibschwierigen Stellen. Wenn die schwierige Stelle aus mehr als einem Buchstaben besteht (z. B. ff, ie) können Sie auch einen dieser Buchstaben benennen, und zwar denjenigen, der kein Rechtschreibproblem darstellt (z. B. das „i" in „ie").

Die Schüler überlegen sich, um welches Wort es sich handeln könnte. Wenn ein Schüler es zu wissen glaubt, meldet er sich. Wenn er drankommt und er das Wort richtig geraten hat, bekommt seine Mannschaft einen Punkt.

Wenn sich kein Schüler meldet oder die Antwort falsch war, tragen die Schüler den von Ihnen genannten Buchstaben in ihre Tabelle ein. Dann kommt der nächste Buchstabe an die Reihe usw. Falls nur noch die Buchstaben an den rechtschreibschwierigen Stellen übrig bleiben, bilden Sie einen Satz, in dem das fragliche Wort vorkommt. Dieses Wort lassen Sie aber aus. Wird auch dann das Wort nicht richtig geraten, bekommt keine Mannschaft einen Punkt.

Es kommt immer derjenige Schüler an die Reihe, der sich zuerst gemeldet hat. Haben sich zwei oder mehrere Schüler gleichzeitig gemeldet, wird ausgelost, welche Mannschaft das Wort raten darf. In Zweifelsfällen bestimmen Sie, welche Meldung zuerst gekommen ist.

Die Auslosung bewerkstelligen zwei zuvor festgelegte Schüler anhand des Knobelspiels „Schere, Stein, Papier": Der Lehrer zählt bis drei. Wenn er bei „drei" angekommen ist, bilden die beiden Schüler mit ihren Händen eine von drei Figuren: eine Schere (die ersten drei Finger sind gespreizt), einen Stein (geballte Faust), ein Blatt Papier (alle Finger gerade ausgestreckt). Gewonnen hat, wer den anderen schlägt. Das ist unter folgenden Bedingungen der Fall:

- Schere schneidet Papier. Gewonnen hat die Schere.
- Papier wickelt Stein ein. Gewonnen hat das Papier.
- Stein schleift Schere. Gewonnen hat der Stein.

Wenn in einer Mannschaft sich mehrere Schüler gleichzeitig gemeldet haben und diese Mannschaft raten darf, bestimmen Sie, welcher Schüler drankommt.

Wenn eine Mannschaft ein Wort falsch geraten hat, darf die andere Mannschaft nach dem nächsten Buchstaben auf jeden Fall raten, unabhängig davon, von welcher Mannschaft die erste Meldung kommt.

Sobald das Wort geraten ist, schreiben die Schüler es in der dafür vorgesehenen Zeile auf. Sofort danach schreiben Sie das Wort an die Tafel. Die Schüler, die das Wort falsch geschrieben haben, schreiben es in der Zeile dahinter noch einmal richtig auf.

Gewonnen hat die Mannschaft mit den meisten Punkten.

Übung B **Wörter diktieren**

Anleitung siehe S. 101, **Übung B**.

1. Emil ist nicht so kräftig wie ich. – *kräftig, kräftig* 2. Wohin führen sie uns? – *führen, führen* 3. Wir haben dich überall gesucht. – *überall, überall* 4. Ich stand in der zweiten Reihe rechts neben Ulla. – *rechts, rechts* 5. Bellos Blick ist heute so traurig. – *traurig, traurig* 6. Sie haben auf der Treppe gesessen. – *gesessen, gesessen* 7. Er kam mit einer vollen Tasche aus dem Geschäft heraus. – *Geschäft, Geschäft* 8. Wir stiegen schnell in die Bahn ein. – *Bahn, Bahn* 9. Im Norden ist das Wetter oft schlecht. – *Wetter, Wetter* 10. Sie ziehen die Karre aus dem Graben. – *ziehen, ziehen* 11. Ich glaube nicht, dass er die Zielscheibe treffen wird. – *treffen, treffen* 12. In der Decke seines Zimmers war ein Loch. – *Decke, Decke* 13. Im Sommer haben wir sechs Wochen Ferien. – *Sommer, Sommer*

Teil B: Wort 164 bis 175

S. 39 **Wörter raten und aufschreiben**

Übung 1 Anleitung siehe S. 98 f., **Übung 1**.

S. 40 **Gegenseitig diktieren**

Übung 2 Anleitung siehe S. 99, **Übung 2**.

Übung A **Wortfamilien mündlich üben**

Anleitung siehe S. 99, **Übung A**.
Die Wörter:
Fahrstu**h**l (Stu**h**l), auf**h**ängen (**h**ängen), Sonnenbri**ll**e (Bri**ll**e), Erkl**ä**rung (erkl**ä**ren), An**h**änger (**h**ängen), Liegestu**h**l (Stu**h**l)

S. 41 **Zwei Mannschaften**

Übung 3 Anleitung siehe S. 104 f., **Übung 3**.

Wort	1	2	3	4	5	6	7	8
1	e	r	k	*ä*	r	e	n	
2	*B*	l	a	*t*	*t*			
3	f	l	*i*	e	ß	e	n	
4	h	*ä*	u	f	i	*g*		
5	*B*	r	i	*l*	*l*	e		
6	w	e	i	*ß**				
7	*B*	e	i	s	p	i	e	l
8	h	*ä*	n	*g*	t			
9	*S*	c	h	i	*f*	*f*		
10	h	e	i	*ß*	e	n		
11	*S*	t	u	*h*	l			
12	a	*ß*						

* Gemeint ist die Farbe

Wörter diktieren **Übung B**

Anleitung siehe S. 101, **Übung B**.

1. Die Bäche fließen durch einen Wald. – *fließen, fließen* 2. Er hat eine starke Brille auf der Nase. – *Brille, Brille* 3. Das werde ich ihnen ganz genau erklären. – *erklären, erklären* 4. Der Stall ist weiß gestrichen. – *weiß, weiß* 5. Er hob das Blatt unter dem Baum auf. – *Blatt, Blatt* 6. Wir folgten seinem Beispiel. – *Beispiel, Beispiel* 7. Er hat uns häufig besucht. – *häufig, häufig* 8. Sie aß den ganzen Baten auf. – *aß, aß* 9. Auf dem Meer sah man ein großes Schiff. – *Schiff, Schiff* 10. Am Baum hängt noch ein Apfel. – *hängt, hängt* 11. Der Stuhl brach unter ihm zusammen. – *Stuhl, Stuhl* 12. Viele Jungen heißen Kevin. – *heißen, heißen*

Diktieren Sie die Wörter bitte genauso wie im **Vortest** (siehe S. 98). **Nachtest**

1. Bei schönem Wetter machen wir einen Ausflug. – *Wetter, Wetter* 2. Als mein Wellensittich starb, war ich ganz traurig. – *traurig, traurig* 3. Sie war fast so kräftig wie ich. – *kräftig, kräftig* 4. Sie führen die Pferde in den Stall. – *führen, führen* 5. Das kleine Kind aß seinen Brei. – *aß, aß* 6. Der Jäger möchte das Wild treffen. – *treffen, treffen* 7. Er brachte mir einen Stuhl. – *Stuhl, Stuhl* 8. Die Klingel ist rechts neben der Tür. – *rechts, rechts* 9. Sie hat an ihrem Schreibtisch gesessen. – *gesessen, gesessen* 10. Sie wird es uns bestimmt gut erklären. – *erklären, erklären* 11. Sie ziehen den Wagen den Berg hinauf. – *ziehen, ziehen* 12. Zum Lesen braucht sie eine Brille. – *Brille, Brille* 13. Er zog sich die Decke über den Kopf. – *Decke, Decke* 14. Die Möbel in ihrem Zimmer waren alle weiß. – *weiß, weiß* 15. Sie warteten auf die Bahn. – *Bahn, Bahn* 16. Im Kirchturm hängt eine Glocke. – *hängt, hängt* 17. Er ist überall bekannt. – *überall, überall* 18. Wie heißen seine Brüder? – *heißen, heißen* 19. Sie schrieb einen Satz auf ein Blatt Papier. – *Blatt, Blatt* 20. Der junge Mann ist kein gutes Beispiel für euch. – *Beispiel, Beispiel* 21. Die Flüsse fließen durch mehrere Länder. – *fließen, fließen* 22. Ein Dieb war in das Geschäft eingebrochen. –

Geschäft, Geschäft 23. Nächsten Sommer fahren wir nach Griechenland. – *Sommer, Sommer* 24. Sie geht häufig ins Kino. – *häufig, häufig* 25. Im Hafen legt gerade ein Schiff an. – *Schiff, Schiff*

2.4 Wort 176 bis 200

Vortest Anleitung siehe S. 98.

1. Das Fenster war offen. – *offen, offen* 2. Das Wasser war zu Eis gefroren. – *Eis, Eis* 3. Im Wald kam uns ein Herr entgegen. – *Herr, Herr* 4. Wir haben bis zuletzt gewartet. – *zuletzt, zuletzt* 5. Es ist bald vier Uhr. – *vier, vier* 6. Es waren ungefähr zehn Frauen. – *ungefähr, ungefähr* 7. Er stand in der Mitte des Kreises. – *Mitte, Mitte* 8. Manchmal habe ich auch Glück. – *Glück, Glück* 9. Ich bin froh, dass es vorbei ist. – *froh, froh* 10. Ich glaube, niemand hat es gesehen. – *niemand, niemand* 11. Plötzlich war es ganz still im Raum. – *still, still* 12. Die Polizei kam zu spät. – *Polizei, Polizei* 13. Sie brachen auf, bevor es anfing zu schneien. – *bevor, bevor* 14. Der Besuch im Zoo war ein schönes Erlebnis. – *Erlebnis, Erlebnis* 15. Er ist meistens guter Laune. – *meistens, meistens* 16. Komm bitte herein. – *bitte, bitte* 17. Im Hof bellte ein Hund. – *Hund, Hund* 18. Draußen lag viel Schnee. – *Schnee, Schnee* 19. Das habe ich bisher noch nicht gewusst. – *bisher, bisher* 20. Er kommt ins Gefängnis, falls er erwischt wird. – *falls, falls* 21. Ich wartete einen Augenblick. – *Augenblick, Augenblick* 22. Was wünscht ihr euch zu Weihnachten? – *Weihnachten, Weihnachten* 23. Wir bogen links ab. – *links, links* 24. Heute Nachmittag gehen wir spazieren. – *spazieren, spazieren* 25. Wir werden es bestimmt schaffen. – *schaffen, schaffen*

Teil A: Wort 176 bis 188

S. 42 Wörter raten und aufschreiben
Übung 1 Anleitung siehe S. 98f., Übung 1.

S. 43 Gegenseitig diktieren
Übung 2 Anleitung siehe S. 99, Übung 2.

Übung A Wortfamilien mündlich üben
Anleitung siehe S. 99, Übung A.
Die Wörter:
glü**ck**lich (Glü**ck**), **Vier**eck (**vier**), m**itt**lere (M**itt**e), ö**ff**nen (o**ff**en), unglü**ck**lich (Glü**ck**), M**itt**ag (M**itt**e), **Vier**tel (**vier**), S**till**e (s**till**), Glü**ck**wunsch (Glü**ck**), Nachm**itt**ag (M**itt**e), behe**rr**schen (He**rr**), **vier**zehn (**vier**), Unglü**ck** (Glü**ck**)

Zwei Mannschaften S. 44
Anleitung siehe S. 104f., Übung 3. Übung 3

Wort	1	2	3	4	5	6	7	8	9
1	z	u	l	e	*t*	*z*	t		
2	*H*	e	*r*	*r*					
3	b	e	*v*	o	r				
4	m	e	i	s	t	e	n	*s*	
5	*s*	*t*	i	*l*	*l*				
6	g	l	ü	*c*	*k*	l	i	*c*	h
7	u	n	g	e	f	*ä*	*h*	r	
8	*v*	i	*e*	r					
9	*M*	i	*t*	*t*	e				
10	n	*i*	e	m	a	n	*d*		
11	*H*	u	n	*d*					
12	*E*	i	s						
13	o	*f*	*f*	e	n				

Wörter diktieren Übung B
Anleitung siehe S. 101, Übung B.

1. Gestern hat uns Herr Meier besucht. – *Herr, Herr* 2. Er ist meistens unterwegs. – *meistens, meistens* 3. Sie aß noch etwas, bevor sie wegging. – *bevor, bevor* 4. Er hat bis zuletzt auf euch gewartet. – *zuletzt, zuletzt* 5. Sei doch endlich still! – *still, still* 6. Wie viel Geld hat er ungefähr? – *ungefähr, ungefähr* 7. Der Hund ist in seiner Hütte. – *Hund, Hund* 8. Ich möchte drei Kugeln Eis in einer Waffel. – *Eis, Eis* 9. Ein Monat hat vier Wochen. – *vier, vier* 10. Die Flasche ist schon offen. – *offen, offen* 11. Im nächsten Spiel hast du sicher mehr Glück. – *Glück, Glück* 12. In der Mitte der Wiese stand ein alter Baum. – *Mitte, Mitte* 13. Uns hat niemand verfolgt. – *niemand, niemand*

Teil B: Wort 189 bis 200
Wörter raten und aufschreiben S. 45
Anleitung siehe S. 98f., Übung 1. Übung 1

Gegenseitig diktieren S. 46
Anleitung siehe S. 99, Übung 2. Übung 2

Wortfamilien mündlich üben Übung A
Anleitung siehe S. 99, Übung A.

Die Wörter:

Schn**ee**mann (Schn**ee**), ansch**aff**en (sch**affen**), bi**tt**en (bi**tt**e), **Sp**a**zier**gang (**sp**a**zier**en), Schn**ee**ball (Schn**ee**), absch**aff**en (sch**aff**en)

S. 47 Zwei Mannschaften

Übung 3 Anleitung siehe S. 104 f., **Übung 3**.

Wort	1	2	3	4	5	6	7	8	9	10	11
1	b	i	*s*	h	e	r					
2	l	i	*k*	*s*							
3	*S*	c	h	n	*e*	*e*					
4	*A*	u	g	e	n	b	l	i	*c*	*k*	
5	b	i	*t*	*t*	e						
6	*P*	o	*l*	*i*	z	e	i				
7	f	r	o	*h*							
8	*s*	*p*	a	z	*i*	e	r	e	n		
9	s	c	h	a	*f*	*f*	e	n			
10	*E*	r	l	e	*b*	n	i	*s*			
11	*W*	e	*i*	*h*	n	a	c	h	t	e	n
12	f	a	*l*	*l*	s						

Übung B Wörter diktieren

Anleitung siehe S. 101, **Übung B**.

1. Die Blumen stehen links im Regal. – *links, links* 2. Wir sahen ihn nur einen Augenblick. – *Augenblick, Augenblick* 3. Reich mir bitte das Salz. – *bitte, bitte* 4. Ich habe ihn bisher nicht gekannt. – *bisher, bisher* 5. Gestern ist viel Schnee gefallen. – *Schnee, Schnee* 6. Ich war froh, als es endlich vorbei war. – *froh, froh* 7. Sie schaffen die Kiste in die Garage. – *schaffen, schaffen* 8. Sie schrieb ihr Erlebnis in ihr Tagebuch. – *Erlebnis, Erlebnis* 9. Die Polizei hat den Dieb verhaftet. – *Polizei, Polizei* 10. Letztes Jahr hat es an Weihnachten geschneit. – *Weihnachten, Weihnachten* 11. Ich werde zu ihm gehen, falls er es möchte. – *falls, falls* 12. Sie spazieren um den Berg herum. – *spazieren, spazieren*

Nachtest Diktieren Sie die Wörter bitte genauso wie im **Vortest** (siehe S. 98).

1. Im Auto saß ein Herr mit Hut. – *Herr, Herr* 2. Sie bildeten einen Kreis und ich stand in der Mitte. – *Mitte, Mitte* 3. Er führte seinen Hund an der Leine. – *Hund, Hund* 4. Der Bauer hatte vier Pferde. – *vier, vier* 5. Wir schaufelten den Schnee vor unserem Haus weg. – *Schnee, Schnee* 6. Sie spielen meistens im Garten. – *meistens, meistens* 7. Wir sind bald fertig, falls sie uns helfen. – *falls, falls* 8. Zum Glück hat er es vergessen. – *Glück, Glück* 9. Wir haben ihn zuletzt doch noch überzeugt. – *zuletzt, zuletzt* 10. Einen Augenblick später fuhren wir los. – *Augenblick, Augenblick* 11. Im Wald ist es ganz still. – *still, still* 12. Sie macht einen Dauerlauf, bevor sie frühstückt. – *bevor, bevor* 13. Er erzählte von einem schrecklichen Erlebnis. – *Erlebnis, Erlebnis* 14. Im Klassenzimmer war niemand. – *niemand, niemand* 15. Es ist ungefähr fünf Jahre her. – *ungefähr, ungefähr* 16. Vor Staunen stand sein Mund offen. – *offen, offen* 17. Wir sind froh, dass er die Krankheit überstanden hat. – *froh, froh* 18. Das war bisher kein Problem. – *bisher, bisher* 19. Zu Weihnachten kommt immer unsere Oma zu Besuch. – *Weihnachten, Weihnachten* 20. Die Polizei hat das Verbrechen schnell aufgeklärt. – *Polizei, Polizei* 21. Geh bitte aus dem Weg. – *bitte, bitte* 22. Das Wasser im See wird im Winter zu Eis. – *Eis, Eis* 23. Sie spazieren durch den Park. – *spazieren, spazieren* 24. Wenn du dir Mühe gibst, wirst du es auch schaffen. – *schaffen, schaffen* 25. Peter sitzt links neben mir. – *links, links*

2.5 Wort 201 bis 225

Anleitung siehe S. 98. **Vortest**

1. Das Tal lag tief unter uns. – *tief, tief* 2. Gleich bist du an der Reihe. – *Reihe, Reihe* 3. Die Kinder grüßen immer sehr freundlich. – *grüßen, grüßen* 4. Er lag noch im Bett. – *Bett, Bett* 5. Sie hat sich an der Hand verletzt. – *Hand, Hand* 6. Er schaute auf die Uhr. – *Uhr, Uhr* 7. Sie stoßen ihn in den Graben. – *stoßen, stoßen* 8. Sie ärgern sich über uns. – *ärgern, ärgern* 9. Der Rabe fliegt schnell weg. – *fliegt, fliegt* 10. Die Affen erkannten die Gefahr nicht. – *Gefahr, Gefahr* 11. Das Papier war schon ganz gelb. – *gelb, gelb* 12. Die Pfähle stecken im Boden. – *stecken, stecken* 13. Sie gießen auf dem Balkon die Blumen. – *gießen, gießen* 14. Die Brüder waren einander sehr ähnlich. – *ähnlich, ähnlich* 15. Es fängt bald an zu regnen. – *regnen, regnen* 16. Auf dem Dach schleicht eine Katze herum. – *Katze, Katze* 17. Das Wandern machte uns großen Spaß. – *Spaß, Spaß* 18. Sie wollten es uns verbieten. – *verbieten, verbieten* 19. Die Enten schwimmen auf dem See. – *schwimmen, schwimmen* 20. Wir müssen an der Kasse noch bezah-

len. – *bezahlen, bezahlen* 21. Ich habe einen großen Schreck bekommen. – *Schreck, Schreck* 22. Die Läden schließen um acht Uhr. – *schließen, schließen* 23. Das war eine gute Idee. – *Idee, Idee* 24. Sie schaute uns ängstlich an. – *ängstlich, ängstlich* 25. Die Kuh fraß von dem Futter. – *fraß, fraß*

Teil A: Wort 201 bis 213

S. 48 **Wörter raten und aufschreiben**
Übung 1 Anleitung siehe S. 98 f., Übung 1.

S. 49 **Gegenseitig diktieren**
Übung 2 Anleitung siehe S. 99, Übung 2.

Übung A **Wortfamilien mündlich üben**
Anleitung siehe S. 99, Übung A.
Die Wörter:

Handschu**h** (Schu**h**), abschl**ie**ßen (schl**ie**ßen), Sto**ß** (sto**ß**en), **Ä**hnlichkeit (**ä**hnlich), Han**d**ball (Han**d**), einschl**ie**ßen (schl**ie**ßen), T**ie**fe (t**ie**f), begrüßen (grüßen), Schwi**mm**bad (schwi**mm**en), Han**d**schrift (Han**d**), beschl**ie**ßen (schl**ie**ßen), ab**st**oßen (sto**ß**en), **ä**hneln (**ä**hnlich), Rei**h**enfolge (Rei**h**e), Han**d**tuch (Han**d**), verschl**ie**ßen (schl**ie**ßen)

S. 50 **Rätsel mit Bild**
Übung 3 Um zu verhindern, dass die Schüler abschreiben, werden die Arbeitsblätter wieder an der gestrichelten Linie gefaltet (siehe Übung 3, Seite 99 f.).

Erläutern Sie die Aufgabe folgendermaßen:

Als Erstes faltet ihr wieder euer Arbeitsblatt an der gestrichelten Linie. Wer die Sätze bis zur gestrichelten Linie bearbeitet hat, dreht sein Arbeitsblatt um und bearbeitet die restlichen Sätze. Bevor er damit anfängt, faltet er auch das Blatt, auf das er die Wörter geschrieben hat.

Jetzt kommt ein Rätsel mit einem Bild. Im ersten Kasten steht ein Satz. In dem Satz kommt ein Wort mit einer Lücke vor. Das Wort beginnt mit „fl", dann kommt die Lücke und dann „gt". In dem Wort fehlen ein oder zwei Buchstaben. Welche das sein könnten, steht hinter dem Wort. Dort steht „ie = 17" und „i = 29". Eine dieser beiden Lösungen ist richtig.

Wie heißt das Lückenwort?

Wenn ein Schüler „fliegt" sagt:

Richtig, das Wort heißt „fliegt".

Schreibt nun alle das Wort „fliegt" auf ein Blatt.

Wenn die Schüler das Wort geschrieben haben:

Wie wird das Wort geschrieben, mit „i" oder mit „ie"?

Wenn ein Schüler sagt: Mit „ie".

Richtig, es wird mit „ie" geschrieben. Wer das Wort falsch geschrieben hat, schreibt es jetzt richtig. Neben dem Lückenwort steht „ie = 17" und „i = 29". Weil das Wort mit „ie" geschrieben wird, macht ihr nun einen Kreis um die Zahl „17".

Nun kommt der nächste Satz. Wie heißt das Lückenwort?

Wenn ein Schüler „Gefahr" gesagt hat:

Richtig, das Wort heißt „Gefahr".

Schreibt nun alle das Wort „Gefahr" auf euer Blatt.

Wenn alle Schüler das Wort geschrieben haben:

Wie wird das Wort geschrieben, mit „a" oder mit „ah"?

Wenn ein Schüler sagt: Mit „ah".

Richtig, es wird mit „ah" geschrieben. Wer das Wort falsch geschrieben hat, schreibt es jetzt richtig. Neben dem Lückenwort steht: „a = 36" und „ah = 23". Weil „ah" die richtige Lösung ist, macht ihr einen Kreis um die Zahl „23".

Die nächsten Wörter bearbeitet nun jeder für sich.

Wenn alle Schüler alle Wörter aufgeschrieben und alle Kreise eingezeichnet haben:

Nun gehen wir alle Wörter durch. Ich schreibe die Wörter an die Tafel und ihr prüft nach, ob ihr sie richtig geschrieben habt. Wenn ihr ein Wort falsch geschrieben habt, schreibt ihr es nun richtig auf. Außerdem macht ihr auf eurem Arbeitsblatt den Kreis an die richtige Stelle.

Wenn Sie alle Wörter durchgegangen sind:

Wenn ihr die Zahlen richtig eingekreist habt, ergibt sich ein Bild unten auf der Seite. Damit man das Bild erkennen kann, müsst ihr die Punkte mit geraden Strichen verbinden. Es beginnt mit der ersten Zahl, die ihr eingekreist habt. Das ist die Zahl „17". Als Nächstes habt ihr die 23 eingekreist. Zieht nun einen geraden Strich vom Punkt bei der Zahl „17" zum Punkt bei der Zahl „23". Was ist die nächste Zahl? Richtig, es ist die „19". Zieht nun einen Strich von dem Punkt bei der „23" zum Punkt bei der „19". Bei den folgenden Punkten macht es jeder nun für sich.

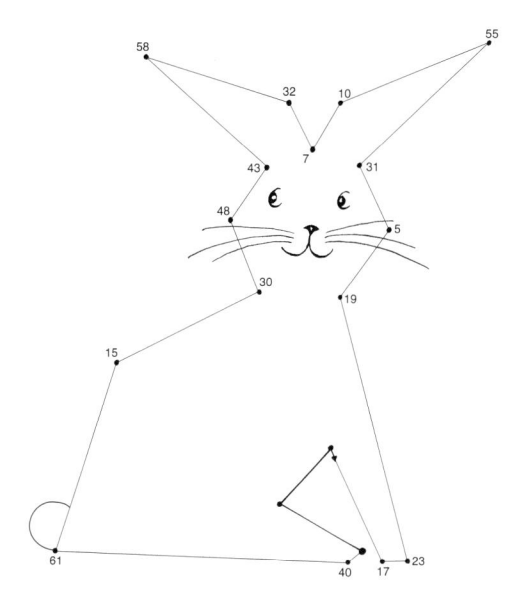

Die Schüler sollen sagen: Bett mit zwei „t" – Bettuch auch mit zwei „t" und ein drittes „t" von „Tuch".

Rätsel mit Bild S. 53

Anleitung siehe S. 108 f., Übung 3 .   Übung 3

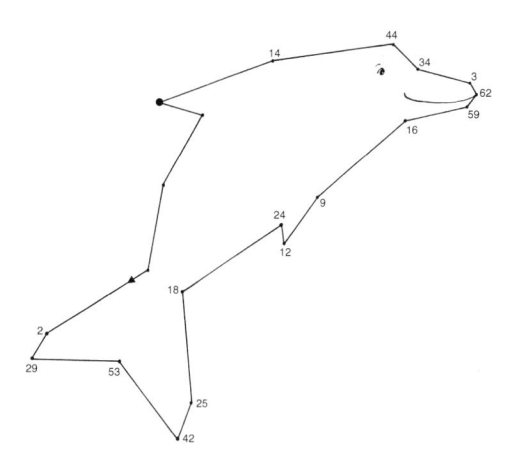

Wörter diktieren Übung B

Anleitung siehe S. 101, Übung B .

1. Sie gießen die Brühe in das Waschbecken. – *gießen, gießen* 2. Man sah ihnen den Schreck noch an. – *Schreck, Schreck* 3. Sie mussten es teuer bezahlen. – *bezahlen, bezahlen* 4. Sie legte die Decke auf das Bett. – *Bett, Bett* 5. Der Fuchs fraß eine Maus. – *fraß, fraß* 6. Er schaute sich ängstlich um. – *ängstlich, ängstlich* 7. Die Nägel stecken noch in der Wand. – *stecken, stecken* 8. In der Baumkrone saß eine Katze. – *Katze, Katze* 9. Das dürfen sie uns nicht verbieten. – *verbieten, verbieten* 10. Das Spiel hat großen Spaß gemacht. – *Spaß, Spaß* 11. Wir brauchen eine neue Idee. – *Idee, Idee* 12. Damit könnt ihr mich nicht ärgern. – *ärgern, ärgern*

Diktieren Sie die Wörter bitte genauso wie Nachtest
im Vortest (siehe S. 98).

1. Sie zog ihre Hand zurück. – *Hand, Hand* 2. Gleich sind wir an der Reihe. – *Reihe, Reihe* 3. Wir gießen das schmutzige Wasser gleich weg. – *gießen, gießen* 4. Die Hasen waren in großer Gefahr. – *Gefahr, Gefahr* 5. Der Schreck saß uns in den Knochen. – *Schreck, Schreck* 6. Dort oben fliegt eine Taube. – *fliegt, fliegt* 7. Die Leute grüßen uns freundlich. – *grüßen, grüßen* 8. Kanarienvögel sind gelb. – *gelb, gelb* 9. Sie versuchen immer wieder, uns zu ärgern. – *ärgern, ärgern* 10. Das Loch, in das er gefallen war, war nicht sehr tief. – *tief, tief* 11. Bitte bezahlen Sie an der Kasse! – *bezahlen, bezahlen* 12. Sie lag am Mittag noch im Bett. – *Bett,*

Übung B **Wörter diktieren**

Anleitung siehe S. 101, Übung B .
1. Peter hat eine neue Uhr geschenkt bekommen. – *Uhr, Uhr* 2. Heute Abend wird es ein bisschen regnen. – *regnen, regnen* 3. Warum stoßen sie ihn die Treppe hinunter? – *stoßen, stoßen* 4. Die linke Hand habe ich noch frei. – *Hand, Hand* 5. Die Dörfer lagen tief unter uns. – *tief, tief* 6. Als die Gefahr zu groß wurde, liefen sie weg. – *Gefahr, Gefahr* 7. Sie schließen alle Türen ab. – *schließen, schließen* 8. Sie kann gut schwimmen und tauchen. – *schwimmen, schwimmen* 9. Die Tapeten waren gelb. – *gelb, gelb* 10. Thomas stand in der dritten Reihe. – *Reihe, Reihe* 11. Bitte grüßen Sie meine Oma. – *grüßen, grüßen* 12. Der Hubschrauber fliegt zum Krankenhaus. – *fliegt, fliegt* 13. Euer Haus sieht so ähnlich aus wie unseres. – *ähnlich, ähnlich*

Teil B: Wort 214 bis 225

S. 51 **Wörter raten und aufschreiben**
Übung 1 Anleitung siehe S. 98, Übung 1 .

S. 52 **Gegenseitig diktieren**
Übung 2 Anleitung siehe S. 99, Übung 2 .

Übung A **Wortfamilien mündlich üben**

Anleitung siehe S. 99, Übung A .
Die Wörter:

Stecknadel (**steck**en), ein**gieß**en (**gieß**en), Be**tt**wäsche (Be**tt**), **ä**rgerlich (**ä**rgern), erschre**ck**en (Schre**ck**), be**gieß**en (**gieß**en), **Steck**dose (**steck**en), Be**tt**decke (Be**tt**), **Gieß**kanne (**gieß**en), schre**ck**lich (Schre**ck**), ver**ä**rgern (**ä**rgern), **Sp**a**ß**vogel (**Sp**a**ß**), Be**ttt**uch (Be**tt**)*

Bett 13. Er versuchte, mich vom Stuhl zu stoßen. – *stoßen, stoßen* 14. Sie stecken es in ihre Taschen. – *stecken, stecken* 15. Das Schaf fraß nur wenig. – *fraß, fraß* 16. Die neue Aufgabe geht so ähnlich wie die alte. – *ähnlich, ähnlich* 17. Kleine Tiere sind oft ängstlich. – *ängstlich, ängstlich* 18. Wir verbieten euch, unsere Wohnung zu betreten. – *verbieten, verbieten* 19. Um zwei Uhr geht es los. – *Uhr, Uhr* 20. Morgen soll es schon wieder regnen. – *regnen, regnen* 21. Wann schließen sie die Tür ab? – *schließen, schließen* 22. Wir waren von seiner Idee begeistert. – *Idee, Idee* 23. Er streichelte eine kleine Katze. – *Katze, Katze* 24. Wir haben viel Spaß gehabt. – *Spaß, Spaß* 25. Sie schwimmen gegen die Strömung. – *schwimmen, schwimmen*

2.6 Wort 226 bis 250

Vortest Anleitung siehe S. 98.

1. Ich möchte eine Tasse Tee. – *Tasse, Tasse* 2. Sie erzählen von ihrem Urlaub. – *erzählen, erzählen* 3. Die Aufgabe war richtig gelöst. – *richtig, richtig* 4. Die Affen klettern von Ast zu Ast. – *klettern, klettern* 5. Mir passen die Hosen nicht. – *passen, passen* 6. Wir wohnen mitten in der Stadt. – *wohnen, wohnen* 7. Die Sonne scheint schon. – *Sonne, Sonne* 8. Ich habe kein Geld mehr. – *Geld, Geld* 9. Warum schicken sie uns weg? – *schicken, schicken* 10. Er schrie vor Schmerz. – *schrie, schrie* 11. Das Schloss war aufgebrochen. – *Schloss, Schloss* 12. Sie ist eigentlich ganz nett. – *eigentlich, eigentlich* 13. In der Klasse ist es meistens ruhig. – *ruhig, ruhig* 14. An dieser Stelle ist es passiert. – *Stelle, Stelle* 15. Gestern habe ich einen Brief bekommen. – *Brief, Brief* 16. Das Handtuch ist noch nass. – *nass, nass* 17. Er liegt auf dem Sofa. – *liegt, liegt* 18. Er gab sich große Mühe. – *Mühe, Mühe* 19. Das Auto war nicht billig. – *billig, billig* 20. Die meisten Menschen möchten in Frieden leben. – *Frieden, Frieden* 21. Am Himmel sah man eine große Wolke. – *Himmel, Himmel* 22. Löwen sind gefährlich. – *gefährlich, gefährlich* 23. An meinem Geburtstag bekam ich viele Geschenke. – *Geburtstag, Geburtstag* 24. Sie müssen auf die kleinen Kinder aufpassen. – *aufpassen, aufpassen* 25. Im Gebüsch hörte man ein Tier. – *Tier, Tier*

Teil A: Wort 226 bis 238

Wörter raten und aufschreiben   S. 54
Anleitung siehe S. 98, Übung 1.   Übung 1

Gegenseitig diktieren   S. 55
Anleitung siehe S. 99, Übung 2.   Übung 2

Wortfamilien mündlich üben   Übung A
Anleitung siehe S. 99, Übung A.

Die Wörter:

Wo**h**nwagen (wo**h**nen), ausru**h**en (ru**h**ig), Br**ie**fmarke (Br**ie**f), Gel**d**schein (Gel**d**), Wo**h**nung (wo**h**nen), hi**mm**elblau (Hi**mm**el), wegschi**ck**en (schi**ck**en), Ru**h**e (ru**h**ig), Br**ie**fumschlag (Br**ie**f), Erz**äh**lung (erz**äh**len), pa**ss**end (pa**ss**en), Einwo**h**ner (wo**h**nen), Unru**h**e (ru**h**ig), Br**ie**fkasten (Br**ie**f), Unterta**ss**e (Ta**ss**e)

Rätsel mit Bild   S. 56
Anleitung siehe S. 108 f., Übung 3.   Übung 3

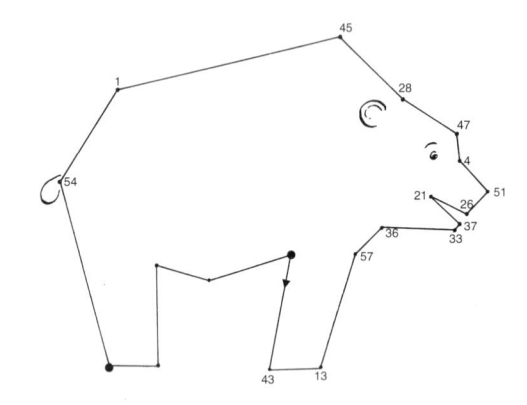

Wörter diktieren   Übung B
Anleitung siehe S. 101, Übung B.

1. In dem schrecklichen Krieg sehnten sich alle nach Frieden. – *Frieden, Frieden* 2. Am Himmel tauchte ein Adler auf. – *Himmel, Himmel* 3. In das Auto passen vier Leute. – *passen, passen* 4. Wo wohnen die Mädchen? – *wohnen, wohnen* 5. Das hat mir richtig gut gefallen. – *richtig, richtig* 6. Ich habe lange auf ihren Brief gewartet. – *Brief, Brief* 7. Ich habe zu viel Geld ausgegeben. – *Geld, Geld* 8. Die Äpfel sind wirklich billig. – *billig, billig* 9. Eine Tasse ist auf den Boden gefallen. – *Tasse, Tasse* 10. Wir schicken sie nach Hause. – *schicken, schicken* 11. Damit erzählen Sie mir nichts Neues. – *erzählen, erzählen* 12. Er schrie um Hilfe. – *schrie, schrie* 13. Sie blieb ganz ruhig. – *ruhig, ruhig*

Teil B: Wort 239 bis 250

S. 57 **Wörter raten und aufschreiben**
Übung 1　Anleitung siehe S. 98, Übung 1.

S. 58 **Gegenseitig diktieren**
Übung 2　Anleitung siehe S. 99, Übung 2.

Übung A **Wortfamilien mündlich üben**
Anleitung siehe S. 99, Übung A.
Die Wörter:

Haus**tier** (**Tier**), So**nn**enschirm (So**nne**), Bau**stelle** (**Stelle**), bemü**h**en (Mü**h**e), Schlo**ss**erei (Schlo**ss**), So**nn**enbrand (So**nne**), **Tier**arzt (**Tier**), Nä**ss**e (na**ss**), Halte**stelle** (**Stelle**), **Tier**freund (**Tier**), So**nn**enbrille (So**nne**)

S. 59 **Rätsel mit Bild**
Übung 3　Anleitung siehe S. 108 f., Übung 3.

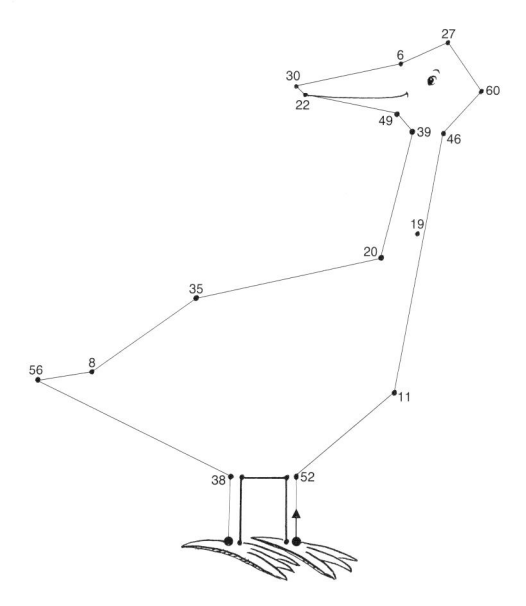

Übung B **Wörter diktieren**
Anleitung siehe S. 101, Übung B.

1. Auf dem Bild ist eine große Sonne zu sehen. – *Sonne, Sonne* 2. Der Hund liegt vor seiner Hütte. – *liegt, liegt* 3. Das Dach ist ganz nass. – *nass, nass* 4. Der Wolf sah gefährlich aus. – *gefährlich, gefährlich* 5. Zu meinem Geburtstag lade ich viele Kinder ein. – *Geburtstag, Geburtstag* 6. Sie klettern die Leiter hinauf. – *klettern, klettern* 7. Was hat er eigentlich gesagt? – *eigentlich, eigentlich* 8. So ein Tier habe ich noch nie gesehen. – *Tier, Tier* 9. Sie sollen auf uns aufpassen. – *aufpassen, aufpassen* 10. Hast du dir auch Mühe gegeben? – *Mühe, Mühe* 11. An welcher Stelle hält der Bus? – *Stelle, Stelle* 12. Das riesige Schloss ist von Bäumen umgeben. – *Schloss, Schloss*

Diktieren Sie die Wörter bitte genauso wie im Vortest (siehe S. 98). *Nachtest*

1. Sie bestellte eine Tasse Tee. – *Tasse, Tasse* 2. Alle waren nervös, nur Jens blieb ganz ruhig. – *ruhig, ruhig* 3. Du kannst mir viel erzählen. – *erzählen, erzählen* 4. Sie klettern die Felswand hinauf. – *klettern, klettern* 5. Sie schrie ganz laut. – *schrie, schrie* 6. Hast du genug Geld bei dir? – *Geld, Geld* 7. Sein Gesicht ist ganz nass. – *nass, nass* 8. Wir wohnen ganz in der Nähe. – *wohnen, wohnen* 9. An dieser Stelle haben wir geparkt. – *Stelle, Stelle* 10. Sie schicken ihn zum Einkaufen. – *schicken, schicken* 11. Sie las den langen Brief vor. – *Brief, Brief* 12. Der Schlüssel steckt noch im Schloss. – *Schloss, Schloss* 13. Wir haben alles richtig gemacht. – *richtig, richtig* 14. Der Fehler liegt nicht bei dir. – *liegt, liegt* 15. Am Himmel wurde es ganz finster. – *Himmel, Himmel* 16. Die Männer lebten gefährlich. – *gefährlich, gefährlich* 17. Im nächsten Monat hat sie Geburtstag. – *Geburtstag, Geburtstag* 18. Wir möchten in Frieden gelassen werden. – *Frieden, Frieden* 19. Die Möbel passen nicht in die Wohnung. – *passen, passen* 20. Wir hatten keine Mühe, ihm zu folgen. – *Mühe, Mühe* 21. Der Stoff war nicht ganz billig. – *billig, billig* 22. Allmählich ging die Sonne auf. – *Sonne, Sonne* 23. An der Wand krabbelte ein Tier. – *Tier, Tier* 24. Was meinst du eigentlich? – *eigentlich, eigentlich* 25. Kannst du auf den Hund aufpassen? – *aufpassen, aufpassen*

2.7 Wort 251 bis 275

Anleitung siehe S. 98. *Vortest*

1. Sie saß am Fenster. – *saß, saß* 2. Sie sammeln Pilze. – *sammeln, sammeln* 3. Die Aufgabe war ziemlich schwierig. – *schwierig, schwierig* 4. Er hat gar kein Geld. – *gar kein, gar kein* 5. Sie wählen die Freiheit. – *wählen, wählen* 6. Die Löwen waren sehr hungrig. – *hungrig, hungrig* 7. Sie haben davon keine Ahnung. – *davon, davon* 8. Die Kirschen schmecken gut. – *schmecken, schmecken* 9. Ich brauche ein paar Nägel. – *paar, paar* 10. Sie reißen die Pflanzen aus dem Boden. – *reißen, reißen* 11. Gib mir bitte ein Stück Papier. – *Papier, Papier* 12. Mir gefallen die Blumen. – *gefallen, gefallen* 13. Die Flasche ist leer. – *leer, leer* 14. Er ist viel zu dick. – *dick, dick* 15. Er ist mein bester Freund. – *Freund, Freund* 16. Wir setzen uns auf die Bank. – *setzen, setzen* 17. Ich habe einen Fehler gemacht. – *Fehler, Fehler*

18. In den Ferien fahren wir in die Berge. – *Ferien, Ferien* 19. Heute Mittag gibt es eine gute Suppe. – *Suppe, Suppe* 20. Wir leben in einem großen Staat. – *Staat, Staat* 21. Sie drehen die Schrauben in den Balken. – *drehen, drehen* 22. Der Ball ist rund. – *rund, rund* 23. Ich habe ihr einen Brief geschrieben. – *geschrieben, geschrieben* 24. Sie hat bestimmt recht. – *bestimmt, bestimmt* 25. Wo ist er bloß hingegangen? – *bloß, bloß*

Teil A: Wort 251 bis 263

S. 60 **Wörter raten und aufschreiben**
Übung 1 Anleitung siehe S. 98, Übung 1.

S. 61 **Gegenseitig diktieren**
Übung 2 Anleitung siehe S. 99, Übung 2.

Übung A **Wortfamilien mündlich üben**
Anleitung siehe S. 99, Übung A.
Die Wörter:

hins**etz**en (s**etz**en), einsa**mm**eln (sa**mm**eln), abr**eiß**en (r**eiß**en), umdr**eh**en (dr**eh**en), durchs**etz**en (s**etz**en), F**erie**nlager (F**erie**n), aufr**eiß**en (r**eiß**en), abdr**eh**en (dr**eh**en), gar nicht (gar kein), versa**mm**eln (sa**mm**eln), ers**etz**en (s**etz**en), Dr**eh**ung (dr**eh**en), ausr**eiß**en (r**eiß**en), Sommerf**erie**n (F**erie**n), übers**etz**en (s**etz**en), Sa**mm**lung (sa**mm**eln)

S. 62 **Bingo**
Übung 3 Erläutern Sie den Schülern die Übung folgendermaßen: Jetzt kommt ein Spiel. Es heißt Bingo. Oben auf der Seite seht ihr einen Kasten mit 16 kleinen Kästchen darin. In jedes Kästchen schreibt ihr nun eine Zahl zwischen 1 und 100. Welche Zahlen ihr in die Kästchen schreibt, wählt ihr selbst aus. Jede Zahl darf nur einmal geschrieben werden.

Wenn alle Schüler die Kästchen mit Zahlen ausgefüllt haben:

Ich sage jetzt irgendeine Zahl zwischen 1 und 100. Wer von euch diese Zahl aufgeschrieben hat, zeichnet in das Kästchen mit der Zahl ein Kreuz, das aussieht wie ein x. Dann meldet er sich und ruft „Bingo". Die Schüler, die „Bingo" gerufen haben, bekommen einen Punkt. Um das deutlich zu machen, setzt ihr für jeden Punkt einen senkrechten Strich in den schmalen, breiten Kasten unter dem großen Kasten, in den ihr die Zahlen geschrieben habt.

Nennen Sie nun eine Zahl zwischen 1 und 100. Wenn ein Schüler die Zahl aufgeschrieben hat, fahren Sie mit der Erläuterung fort. Hat keiner der Schüler die Zahl aufgeschrieben, nennen Sie eine weitere Zahl usw., so lange, bis ein Schüler (oder mehrere) die Zahl aufgeschrieben hat (bzw. haben).

Derjenige, der einen Punkt bekommen hat, darf einen von den unten stehenden Sätzen aussuchen und vorlesen. Wenn mehrere Schüler einen Punkt bekommen haben, können Sie bestimmen, wer einen Satz vorlesen darf.

In jedem Satz ist ein Wort mit einer oder mehreren Lücken. Hinter dem Wort stehen zwei oder mehrere Möglichkeiten, welche Buchstaben in die Lücken gehören. Derjenige, der den Satz vorlesen darf, sagt die Nummer des Satzes, den er sich ausgesucht hat. Er überlegt sich, welche Buchstaben in die Lücken gehören. Aber er sagt nicht, welche Buchstaben das sind, sondern er liest den Satz mit dem Lückenwort vor. Wenn er nicht weiß, wie das Lückenwort heißt, darf sich ein weiterer Schüler melden. Wenn dieser Schüler den Satz mit dem Lückenwort richtig vorliest, bekommt er ebenfalls einen Punkt.

Wenn kein Schüler herausfindet, wie das Lückenwort heißt, lesen Sie den Satz vor.

Sobald der Satz richtig vorgelesen worden ist, schreiben alle Schüler das Lückenwort in der Zeile hinter dem Satz auf. Danach schreiben Sie das Lückenwort an die Tafel und jeder prüft nach, ob er es richtig geschrieben hat. Hat er es nicht richtig geschrieben, schreibt er es in der Zeile dahinter noch einmal richtig auf.

Führen Sie das eben erläuterte Vorgehen mit einem Satz durch, und fahren Sie dann fort:

Gewonnen hat der Schüler mit den meisten Punkten. Dabei gilt im Hinblick auf die 16 Kästchen folgende Regel: Wenn bei einem Schüler zwei durchgekreuzte Kästchen mit einer Seite oder einer Ecke aneinandergrenzen, so bekommt er dafür zwei Punkte. Grenzen drei Kästchen aneinander, so gibt es drei Punkte usw. Hat ein Schüler aus Versehen eine Bingo-Zahl zweimal geschrieben, so bekommt er für das gesamte Spiel keinen Punkt.

Führen Sie das Spiel so lange durch, bis alle Übungswörter aufgeschrieben sind. Die Motivation der Schüler wird noch weiter angeregt, wenn Sie für den oder die Sieger einen kleinen Preis aussetzen.

Übung B **Wörter diktieren**

Anleitung siehe S. 101, **Übung B**.

1. Sie sammeln das Geld auf, das heruntergefallen ist. – *sammeln, sammeln* 2. Die Aufgabe war zu schwierig für mich. – *schwierig, schwierig* 3. Er hatte gar kein Gemüse auf dem Teller. – *gar kein, gar kein* 4. Die Gurken schmecken bitter. – *schmecken, schmecken* 5. Sie reißen vor Schreck ihre Augen auf. – *reißen, reißen* 6. Sie machte uns auf einen Fehler aufmerksam. – *Fehler, Fehler* 7. Das Fass ist noch nicht leer. – *leer, leer* 8. Sie setzen sich ihre Mütze auf. – *setzen, setzen* 9. Sie drehen sich nicht um. – *drehen, drehen* 10. Seid ihr schon wieder hungrig? – *hungrig, hungrig* 11. Er saß auf einem Hocker. – *saß, saß* 12. Wir verbrachten unsere Ferien bei meiner Oma. – *Ferien, Ferien* 13. Wo ist er bloß geblieben? – *bloß, bloß*

Teil B: Wort 264 bis 275

S. 63 **Wörter raten und aufschreiben**
Übung 1 Anleitung siehe S. 98, **Übung 1**.

S. 64 **Gegenseitig diktieren**
Übung 2 Anleitung siehe S. 99, **Übung 2**.

Übung A **Wortfamilien mündlich üben**

Anleitung siehe S. 99, **Übung A**.

Die Wörter:

Su**pp**enteller (Su**pp**e), Tierfreun**d** (Freun**d**), kugelrun**d** (run**d**), Pap**i**erkorb (Pap**i**er), Linsensu**pp**e (Su**pp**e), ausw**äh**len (w**äh**len), freun**d**lich (Freun**d**), Rundgang (run**d**), **staa**tlich (**Staa**t), Br**i**efpapier (Pap**i**er), W**äh**ler (w**äh**len), Freun**d**schaft (Freun**d**), run**d**lich (run**d**)

S. 65 **Bingo**
Übung 3 Anleitung siehe S. 112, **Übung 3**.

Übung B **Wörter diktieren**

Anleitung siehe S. 101, Übung B.

1. Mir hat das Bild sehr gut gefallen. – *gefallen, gefallen* 2. Ich wäre gern sein Freund geworden. – *Freund, Freund* 3. Sie kauft ein Paar Socken. – *paar, paar* 4. Er faltete das Papier zusammen. – *Papier, Papier* 5. Ich fürchte, ich bin ein bisschen zu dick. – *dick, dick* 6. Jeder bekam einen Teller Suppe. – *Suppe, Suppe* 7. Sie hat uns davon nichts gesagt. – *davon, davon* 8. Die Tische waren alle rund. – *rund, rund* 9. Ich werde ihn nicht wählen. – *wählen, wählen* 10. Der Staat muss die Menschen vor Verbrechen schützen. – *Staat, Staat* 11. Sie ist bestimmt gleich da. – *bestimmt, bestimmt* 12. Ich habe ihr aus dem Urlaub eine Karte geschrieben. – *geschrieben, geschrieben*

Diktieren Sie die Wörter bitte genauso wie im **Vortest** (siehe S. 98).   **Nachtest**

1. Es war schwierig, die Zeichnung anzufertigen. – *schwierig, schwierig* 2. Sie passen auf, dass die Seile nicht reißen. – *reißen, reißen* 3. Sie verbessern ihre Fehler. – *Fehler, Fehler* 4. Sie sammeln seltene Münzen. – *sammeln, sammeln* 5. Ich habe jetzt genug davon. – *davon, davon* 6. Die Stachelbeeren schmecken noch nicht. – *schmecken, schmecken* 7. Sie hat gar kein Spiel gewonnen. – *gar kein, gar kein* 8. Der Ausflug hat mir gefallen. – *gefallen, gefallen* 9. Sein Teller war bald leer. – *leer, leer* 10. Was hat er dir geschrieben? – *geschrieben, geschrieben* 11. Die Gäste waren nicht sehr hungrig. – *hungrig, hungrig* 12. Er saß auf einem Pferd. – *saß, saß* 13. Der Turm war rund. – *rund, rund* 14. Sie drehen einige Runden mit dem Fahrrad. – *drehen, drehen* 15. Wir brauchen noch ein paar Gläser. – *paar, paar* 16. Sie hat bestimmt gelogen. – *bestimmt, bestimmt* 17. Sie setzen sich auf das Sofa. – *setzen, setzen* 18. Was hat er sich bloß dabei gedacht? – *bloß, bloß* 19. Die Kühe sind ziemlich dick. – *dick, dick* 20. Er mag keine Suppe. – *Suppe, Suppe* 21. Sie wählen einen Anführer. – *wählen, wählen* 22. Die Ferien waren schon zu Ende. – *Ferien, Ferien* 23. Sein Freund ist nach England gefahren. – *Freund, Freund* 24. In welchem Staat leben sie? – *Staat, Staat* 25. Er nahm einen Bogen Papier. – *Papier, Papier*

2.8 Wort 276 bis 300

Anleitung siehe S. 98.   **Vortest**

1. Sie zog ihre Jacke an. – *Jacke, Jacke* 2. Sie messen die Wohnung aus. – *messen, messen* 3. Dort wartet jemand auf dich. – *jemand, jemand* 4. Wurde er dabei gestört? – *dabei, dabei* 5. Sie schiebt den Karren den Berg hinauf. – *schiebt, schiebt* 6. Zum Schluss waren alle einverstanden. – *Schluss, Schluss* 7. Er zog einen Schuh aus. – *Schuh, Schuh* 8. Warum schimpfen sie mit uns? – *schimpfen, schimpfen* 9. Im Sommer wird es spät dunkel. – *spät, spät* 10. Ich habe es trotzdem verstanden. – *trotzdem, trotzdem* 11. Wir dürfen ihren Geburtstag nicht vergessen. – *vergessen,*

vergessen 12. Seid ihr alle satt? – *satt, satt* 13. Für ihre Leistung solltet ihr sie belohnen. – *belohnen, belohnen* 14. An der Wand hing ein großes Bild. – *Bild, Bild* 15. Er ist älter als du. – *älter, älter* 16. Der Junge geht in meine Klasse. – *Klasse, Klasse* 17. Nach ein paar Minuten war alles vorbei. – *vorbei, vorbei* 18. Als es laut knallte, erschrak er. – *erschrak, erschrak* 19. Sport zu treiben, ist sehr gesund. – *gesund, gesund* 20. Sie nennen ihn Ede. – *nennen, nennen* 21. Das Gewitter war schon ganz nah. – *nah, nah* 22. Sie möchten die Erdbeeren probieren. – *probieren, probieren* 23. Das kann man nicht ändern. – *ändern, ändern* 24. Das Kleid steht ihr gut. – *Kleid, Kleid* 25. Hans kann besser Fußball spielen als Udo. – *besser, besser*

Teil A: Wort 276 bis 288

Wörter raten und aufschreiben [S. 66] [Übung 1]
Anleitung siehe S. 98, Übung 1.

Gegenseitig diktieren [S. 67] [Übung 2]
Anleitung siehe S. 99, Übung 2.

Wortfamilien mündlich üben [Übung A]
Anleitung siehe S. 99, Übung A.
Die Wörter:
Kla**ss**ensprecher (Kla**ss**e), Turnschu**h** (Schu**h**), verbe**ss**ern (be**ss**er), Belo**h**nung (belo**h**nen), Lederja**ck**e (Ja**ck**e), Kla**ss**enlehrer (Kla**ss**e), Gesun**d**heit (gesun**d**), ausbe**ss**ern (be**ss**er), Hausschu**h** (Schu**h**), ausme**ss**en (me**ss**en), Belo**h**nung (belo**h**nen), Kla**ss**enzimmer (Kla**ss**e)

Bingo [S. 68] [Übung 3]
Anleitung siehe S. 112, Übung 3.

Wörter diktieren [Übung B]
Anleitung siehe S. 101, Übung B.

1. Sie belohnen ihn, weil er viel geleistet hat. – *belohnen, belohnen* 2. Sie schiebt ihn nach hinten. – *schiebt, schiebt* 3. Sie messen das Fenster aus. – *messen, messen* 4. Seine Jacke hing an der Garderobe. – *Jacke, Jacke* 5. In seinem linken Schuh war ein Loch. – *Schuh, Schuh* 6. Ist da jemand? – *jemand, jemand* 7. Die ganze Klasse freut sich auf die Ferien. – *Klasse, Klasse* 8. Ich bin trotzdem zu Hause geblieben. – *trotzdem, trotzdem* 9. Mein Vater ist älter als meine Mutter. – *älter, älter* 10. Er ging an uns vorbei. – *vorbei, vorbei* 11. Meistens leben wir gesund. – *gesund, gesund* 12. Bald geht es uns wieder besser. – *besser, besser* 13. Sie trug ein rotes Kleid. – *Kleid, Kleid*

Teil B: Wort 289 bis 300

Wörter raten und aufschreiben [S. 69] [Übung 1]
Anleitung siehe S. 98, Übung 1.

Gegenseitig diktieren [S. 70] [Übung 2]
Anleitung siehe S. 99, Übung 2.

Wortfamilien mündlich üben [Übung A]
Anleitung siehe S. 99, Übung A.
Die Wörter:
Ver**ä**nderung (**ä**ndern), ausschim**pf**en (schim**pf**en), danach (dabei*), verge**ss**lich (verge**ss**en), Vorbil**d** (Bil**d**), ausprob**ie**ren (prob**ie**ren), Verschlu**ss** (Schlu**ss**), bene**nn**en (ne**nn**en), dazu (dabei**), Ver**ä**nderung (**ä**ndern), beschim**pf**en (schim**pf**en), versp**ä**ten (sp**ä**t)

* Die Schüler sollen sagen: Dabei zusammen, danach auch zusammen.

** Die Schüler sollen sagen: Dabei zusammen, dazu auch zusammen.

Bingo [S. 71] [Übung 3]
Anleitung siehe S. 112, Übung 3.

Wörter diktieren [Übung B]
Anleitung siehe S. 101, Übung B.

1. Ich habe dich nicht vergessen. – *vergessen, vergessen* 2. Er wird sich nie ändern. – *ändern, ändern* 3. Er hat dabei gelächelt. – *dabei, dabei* 4. Ich hätte gern ein Bild von dir. – *Bild, Bild* 5. Der Zug kam zu spät. – *spät, spät* 6. Wir sollten es auf jeden Fall probieren. – *probieren, probieren* 7. Seid ihr wirklich schon satt? – *satt, satt* 8. Er erschrak, als plötzlich das Licht ausging. – *erschrak, erschrak* 9. Zum Schluss war alles klar. – *Schluss, Schluss* 10. Die Berge waren schon ganz nah. – *nah, nah* 11. Sie schimpfen ihn oft aus. – *schimpfen, schimpfen* 12. Sie nennen ihn „Gurke". – *nennen, nennen*

Diktieren Sie die Wörter bitte genauso wie im Vortest (siehe S. 98). [Nachtest]

1. Wurst schmeckt mir besser als Käse. – *besser, besser* 2. Möchte jemand etwas sagen? – *jemand, jemand* 3. Wir werden sie für ihre guten Taten belohnen. – *belohnen, belohnen* 4. Er sieht älter aus, als er ist. – *älter, älter* 5. Sie haben ihn dabei

erwischt. – *dabei, dabei* 6. Er warf seine Jacke auf das Bett. – *Jacke, Jacke* 7. Ich habe vergessen, die Blumen zu gießen. – *vergesssen, vergessen* 8. Das Kleid war zu lang. – *Kleid, Kleid* 9. Die Tiere sind noch nicht satt. – *satt, satt* 10. Sie hat trotzdem gewonnen. – *trotzdem, trotzdem* 11. Die Schüler gehen in ihre Klasse. – *Klasse, Klasse* 12. Sie kam zu spät. – *spät, spät* 13. Sie nehmen sich vor, sich zu ändern. – *ändern, ändern* 14. Am rechten Schuh fehlte der Absatz. – *Schuh, Schuh* 15. Die Ferien gehen immer schnell vorbei. – *vorbei, vorbei* 16. Er schiebt seinen Wagen ein Stück nach vorn. – *schiebt, schiebt* 17. Mit einer Uhr kann man die Zeit messen. – *messen, messen* 18. Das Reh erschrak, als es uns sah. – *erschrak, erschrak* 19. Sie wohnen ganz nah am Meer. – *nah, nah* 20. Du siehst wirklich sehr gesund aus. – *gesund, gesund* 21. Jetzt machen wir Schluss mit dem Lärm. – *Schluss, Schluss* 22. Sie schimpfen, weil sie wütend sind. – *schimpfen, schimpfen* 23. Wir schauten uns sein Bild lange an. – *Bild, Bild* 24. Sie nennen den Bären Kuno. – *nennen, nennen* 25. Sie möchte von dem Gemüse probieren. – *probieren, probieren*

3. Groß- und Kleinschreibung

S. 72–80 Die Substantivierung von Verben und Adjektiven wird in der Regel erst in der Sekundarstufe durchgenommen.

Die Regeln in diesem Kapitel decken die häufigsten Großschreibungen von Verben und Adjektiven ab, aber nicht alle. Im vorliegenden Programm wird bewusst auf eine Vollständigkeit der Regeln verzichtet, weil es sonst – vor allem für die schwächeren Schüler – zu kompliziert werden würde. Unter Umständen können Sie die hier aufgeführten Regeln noch ergänzen. Das ist aber erst dann ratsam, wenn die Schüler die Regeln in diesem Kapitel gut beherrschen.

Wenn die Bearbeitung des Grundkurses schon längere Zeit zurückliegt, sollten Sie das Kapitel „Groß- und Kleinschreibung" vor der Bearbeitung dieses Kapitels wiederholen.

3.1 Substantivierung von Verben

S. 72 ### Regel und Beispiele (oben)

Wiederholen Sie anhand der Regel und der Beispiele das Erkennen von Verben.

Verben (Tunwörter) unterstreichen *Übung 1*

Die Schüler sollen die Regel für das Erkennen von Verben anwenden und die Verben unterstreichen. Erläutern Sie das Vorgehen anhand der ersten beiden Wörter:

Beispiel 1: schreiben

Die Schüler denken sich:

schreiben – Kann man tun, Verb (Tunwort).

Beispiel 2: oft

Die Schüler denken sich:

oft – Kann man nicht tun, kein Verb (Tunwort).

Wenn alle Schüler fertig sind, werden die Lösungen zusammengetragen. Dabei liest jeweils ein Schüler ein Wort vor und wendet dann laut die Regel an.

Verben (Tunwörter) in verschiedenen Formen und Merksatz (unten)

Erläutern Sie den Schülern: Verben können sich in Nomen verwandeln, und dann werden sie großgeschrieben. Jetzt soll gelernt werden, wie man Verben erkennt, die sich in Nomen verwandelt haben. Dazu muss man zunächst einmal etwas über die Formen wissen, in denen Verben stehen können. Verben (Tunwörter) können im Infinitiv (in der Grundform) stehen oder sie können konjugiert (gebeugt) sein.

Erläutern Sie den Infinitiv und die konjugierten Formen anhand der Beispiele in der Tabelle.

Erläutern Sie (anhand des Merksatzes mit dem Igel) weiterhin: Den Infinitiv (die Grundform) erkennt man an der Endung. Ein Verb (Tunwort) steht nur dann im Infinitiv (in der Grundform), wenn es auf „en" endet.

Nicht nur der Infinitiv, sondern auch die dritte Person Plural (z. B. sie laufen) endet auf „en". Dies wird den Schülern an dieser Stelle aber nicht gesagt. Sie kämen sonst durcheinander.

1. Bedingung (oben) *S. 73 Übung 1*

Erläutern Sie den Schülern, dass es zwei Bedingungen gibt, unter denen sich ein Verb in ein Nomen verwandelt. Die erste Bedingung lautet: Das Verb muss im Infinitiv stehen.

Verben (Tunwörter) unterstreichen *Übung 2*

Jeweils ein Schüler liest einen Satz vor. Anschließend identifiziert er die Verben, indem er die Regeln aus dem Beispiel anwendet. Bei den konjugierten Verben wird der Wortlaut der Regel aus dem Grundkurs angewandt. Alle Schüler unterstreichen Verben im Infinitiv blau und konjugierte Verben rot.

Beispiel: Zum <u>Spielen</u> <u>geht</u> sie auf den Hof.

Der Schüler sagt laut:

spielen – Kann man tun, Verb (Tunwort). Es steht im Infinitiv (in der Grundform).

geht – gehen – Kann man tun, Verb (Tunwort), konjugiert (gebeugt).

2. Bedingung (unten)

Erläutern Sie den Schülern die zweite Bedingung für die Substantivierung von Verben: Vor dem Verb muss einer der acht Begleiter stehen. (Die acht Begleiter decken nicht alle Fälle von Substantivierungen ab, wohl aber die meisten.)

In allen vier Beispielen steht das Verb im Infinitiv. Im ersten Beispiel wird das Verb substantiviert, weil davor der Begleiter „vom" steht. Im zweiten Beispiel steht das Adjektiv „schnelles" vor dem substantivierten Verb „Handeln". Im dritten Beispiel wird das Verb „lachen" durch das davor stehende Possessivpronomen „sein" substantiviert. Im letzten Beispiel wird die 2. Bedingung nicht erfüllt.

Übung A — Die acht Begleiter

Lassen Sie die Schüler die acht Begleiter auswendig lernen und fragen Sie sie in den nächsten Stunden mehrfach ab.

Übung B — Begleiter unterstreichen

Die Schüler sollen in Übung 2 die Begleiter unterstreichen.

S. 74 / Übung 3 — Die Verben (Tunwörter) im Infinitiv (in der Grundform) mit ihren Begleitern unterstreichen

Jeweils ein Schüler liest einen Satz vor. Anschließend wendet er laut die Regel (siehe Beispiel) an. Um die konjugierten Verben sollen die Schüler sich nicht kümmern.

Beispiel:
ER WURDE <u>BEIM</u> <u>LÜGEN</u> ERTAPPT.

Der Schüler sagt laut:

lügen – Kann man tun, Verb (Tunwort). Es steht im Infinitiv (in der Grundform), davor steht der Begleiter „beim". Lügen ist in diesem Satz ein Nomen (Namenwort).

Groß oder klein? — Übung 4

Die Schüler wenden still für sich die Regeln aus den beiden Beispielen an und setzen die fehlenden Buchstaben in die Lücken.

Beispiel 1:
Sie half uns beim (b/B)<u>B</u>acken.

Die Schüler denken sich:

backen – Kann man tun, Verb (Tunwort). Es steht im Infinitiv (in der Grundform). Davor steht der Begleiter „beim". Backen ist in diesem Satz ein Nomen (Namenwort), also groß.

Beispiel 2:
Der Junge (l/L)<u>l</u>achte laut.

Die Schüler denken sich:

lachte, lachen – Kann man tun, Verb (Tunwort).

Wenn alle Schüler fertig sind, werden alle Sätze durchgegangen, wobei die Regeln laut angewandt werden.

S. 75 / Übung 5 — Verben (Tunwörter) im Infinitiv (in der Grundform) mit ihren Begleitern unterstreichen

Die Schüler unterstreichen die Verben (Tunwörter) im Infinitiv (in der Grundform) zusammen mit ihren Begleitern. Dabei wenden sie still für sich die Regeln an, die sie gelernt haben. **Achtung!** Machen Sie die Schüler darauf aufmerksam, dass Wörter wie „am, zum" usw. auch vorkommen, ohne dass sie Begleiter von Verben (Tunwörter) sind.

Anfangsbuchstaben-Übung — Übung 6

Sie diktieren einen Satz. Anschließend wiederholen Sie jedes Wort einzeln. Nachdem Sie ein Wort wiederholt haben, legen Sie eine kurze Pause ein und jeder Schüler wendet leise für sich den passenden Spruch zum Erkennen der Wortart an. Außerdem schreiben die Schüler den ersten Buchstaben des Wortes auf. Anschließend lassen Sie einen Schüler den Spruch laut sagen und Sie schreiben den Anfangsbuchstaben an die Tafel.

Erläutern Sie die Anfangsbuchstaben-Übung anhand des Beispiels auf S. 75:

Anschließend führen Sie die Übung mit den folgenden Sätzen durch. Zunächst wenden die Schüler die Regeln leise für sich an und schreiben die Anfangsbuchstaben auf. Danach geht jeweils ein Schüler einen Satz laut durch.

Übungssätze:

1. Wir gingen zum Lernen in die Schule. 2. Gestern kamen sie nicht zum Singen. 3. Ich hörte ihn schimpfen. 4. Nach dem Spielen schauten sie ein wenig fern. 5. Er erzählte Geschichten vom Fliegen. 6. Plötzlich musste der Lastwagen bremsen. 7. Er vertrieb sich beim Warten die Zeit mit einem Kreuzworträtsel. 8. Man braucht zum Heizen Gas oder Öl. 9. Manche Leute schnarchen beim Schlafen.

Sätze für die Anfangsbuchstaben-Übung

Führen Sie ab jetzt von Stunde zu Stunde die Anfangsbuchstaben-Übung mit zwei oder drei der folgenden Sätze durch.

1. Nach dem Schreiben stand er vom Schreibtisch auf. 2. Sie fertigt ihre Hausaufgaben an. 3. Schlechtes Hören kann an verstopften Ohren liegen. 4. Er überlegte sich beim Gehen, was er tun sollte. 5. Sie bricht zum Stehlen in ein Haus ein. 6. Sein Turnen war ohne Fehler. 7. Beim Pflanzen tat ihnen der Rücken weh. 8. Er setzte sich zum Nachdenken auf das Sofa. 9. Langes Warten macht mich ungeduldig. 10. Sie verletzte sich beim Springen ihr rechtes Bein. 11. Am Erklären erkennt man einen guten Lehrer. 12. Er stand am Turm und schaute uns nach. 13. Beim Laufen schnappte er nach Luft. 14. Das Spielzeug ist zum Wegwerfen noch zu gut. 15. Sein Streben nach dem Sieg überraschte uns.

Ab jetzt kommen auch Verben (Tunwörter) im Infinitiv (in der Grundform) ohne Begleiter vor.

Beispiel:
Sie versuchte, eine Rede zu halten.

Dabei lautet die Anwendung der Regel:
halten – Kann man tun, Verb (Tunwort).

16. Er kam, um etwas Tee zu trinken. 17. Nicht allen Menschen fällt das Denken leicht. 18. Das Pferd kam zum Zaun. 19. Wir fahren zum Wandern in die Berge. 20. Zum Malen braucht man Farbe und einen Pinsel. 21. Ich möchte dich nächsten Sonntag treffen. 22. Ich wurde durch ein Rumpeln auf den Einbrecher aufmerksam. 23. Man kann beim Tanzen leicht stolpern. 24. Er stand am Herd und kochte. 25. Im Schwimmbad hörte man lautes Schreien. 26. Wir wollen uns am Kino treffen. 27. Vor dem Wandern zogen wir uns feste Schuhe an. 28. Sie holte sich zum Trinken ein Glas Wasser. 29. Wenn man die Treppe hinaufgeht, kommt es immer zu lautem Knarren. 30. Beim Bügeln klingelte das Telefon.

Nicht nur Verben im Infinitiv enden auf „en", sondern auch konjugierte Verben in der dritten Person Plural, z. B. sie sehen ihn. In solchen Fällen lautet die Anwendung der Regel wie bei allen konjugierten Verben:

sehen – Kann man tun, Verb (Tunwort).

Erläutern Sie den Schülern diesen Sachverhalt. Es ist aber nicht weiter schlimm, wenn der Schüler den Infinitiv mit der dritten Person Plural verwechselt. Denn Verben in der dritten Person Plural haben niemals einen Begleiter, der ein Verb zu einem Nomen macht.

31. Die Spatzen hüpfen auf dem Boden herum. 32. Er kam beim Antworten ins Stocken. 33. Sie beobachten die Tiere im Wald. 34. Die meisten Pflanzen brauchen zum Blühen viel Sonne. 35. Die Pfadfinder stehen am Zelt. 36. Durch vorsichtiges Fahren kann man Unfälle vermeiden. 37. Wir konnten uns sein Fehlen nicht erklären. 38. Wir trafen uns zum Feiern in seiner Wohnung. 39. Der Vogel war vom Fliegen ganz erschöpft. 40. Manchmal fällt ihr das Lächeln schwer. 41. Nach dem Reiten nahm sie eine Dusche. 42. Beim Abschließen knackte das Schloss. 43. Er kann wildes Streiten nicht gut vertragen. 44. Zum Zeichnen holte er sich einen Bleistift. 45. Er hat sich beim Boxen verletzt.

Nehmen Sie ab jetzt Sätze aus einem Schulbuch.

3.2 Substantivierung von Adjektiven

Achtung! Nehmen Sie dieses Kapitel nicht unmittelbar nach der Substantivierung von Verben durch, sondern warten Sie eine Zeit lang damit. Denn sonst könnte der Schüler die beiden Arten der Substantivierung durcheinanderbringen.

In diesem Kapitel kommen in den Übungen auch Adverbien vor (z. B. er lacht leise). Für die Groß- und Kleinschreibung ist die Unterscheidung zwischen Adjektiven und Adverbien jedoch unerheblich. Deswegen wird hier nicht weiter darauf eingegangen, d. h., es ist kein Fehler, wenn Adverbien als Adjektive bezeichnet werden. Falls im Grammatikunterricht gerade Adverbien durchgenommen werden, kann die Unterscheidung zwischen Adjektiven und Adverbien aber auch hier getroffen werden.

Regel und Beispiel (oben)

Wiederholen Sie die Regel aus dem Grundkurs, S. 15.

Übung 1 — Adjektive (Wiewörter) unterstreichen

Die Schüler sollen die Regel für das Erkennen von Adjektiven anwenden und die Adjektive unterstreichen. Erläutern Sie das Vorgehen anhand der ersten beiden Wörter:

Beispiel 1: billig

Die Schüler denken sich:

Wie ist es? billig – Adjektiv (Wiewort).

Beispiel 2: gegen

Die Schüler denken sich:

Wie ist es? gegen. – Geht nicht, kein Adjektiv.

Wenn alle Schüler fertig sind, werden die Lösungen zusammengetragen. Dabei liest jeweils ein Schüler ein Wort vor und wendet dann laut die Regel an.

1. Möglichkeit (unten)

Erläutern Sie anhand der vier Beispiele die erste Möglichkeit für die Substantivierung von Adjektiven.

Beispiel 1: Der Freche hielt eine Rede.

Das Wort „frech" ist ein Adjektiv (Wiewort). Vor dem Wort „frech" steht der Artikel (Begleiter) „der". Gleichzeitig folgt auf das Wort „frech" *kein* Nomen (Namenwort). Also ist das Wort „Freche" in diesem Satz ein Nomen (Namenwort).

Beispiel 2: Vorn stand ein Frecher.

Das Wort „frech" ist ein Adjektiv (Wiewort). Vor dem Wort „frech" steht der Artikel (Begleiter) „ein". Gleichzeitig folgt auf das Wort „frech" *kein* Nomen (Namenwort). Also ist das Wort „Frecher" in diesem Satz ein Nomen (Namenwort).

Beispiel 3: Der Junge war frech.

Das Wort „frech" ist ein Adjektiv (Wiewort). Vor dem Wort „frech" steht kein Artikel (Begleiter). Also ist das Wort „frech" kein Nomen (Namenwort), sondern es bleibt ein Adjektiv (Wiewort).

Beispiel 4: Der freche Junge stand auf.

Das Wort „freche" ist ein Adjektiv. Vor dem Wort „freche" steht der Artikel (Begleiter) „der". Gleichzeitig folgt auf das Wort „freche" ein Nomen (Namenwort), nämlich das Wort „Junge". Also ist das Wort „freche" kein Nomen (Namenwort), sondern es bleibt ein Adjektiv (Wiewort).

Weisen Sie die Schüler darauf hin, dass die Artikel (Begleiter) sich auch verändern können. Aus „der, die, das" kann „des, dem, den" werden und aus „ein" kann „eine, einer, einem, einen" werden.

Adjektive (Wiewörter) unterstreichen, die sich in Nomen (Namenwörter) verwandelt haben — S. 77, Übung 2

Jeweils ein Schüler liest einen Satz vor und prüft nach, ob darin ein substantiviertes Adjektiv vorkommt. Dabei wendet er die Regel aus Beispiel 1 an. Bei nicht-substantivierten Adjektiven wendet er die Regel aus Beispiel 2 an, die schon aus dem Grundkurs bekannt ist. Alle Schüler unterstreichen in den entsprechenden Sätzen das substantivierte Adjektiv zusammen mit dem Begleiter.

Beispiel 1:

IM AUTO SITZT <u>EIN</u> <u>KRANKER</u>.

Der Schüler sagt laut:

Wie ist es? krank – Adjektiv (Wiewort). Vor dem Adjektiv (Wiewort) steht der Artikel (Begleiter) „ein". Auf das Adjektiv (Wiewort) folgt *kein* Nomen (Namenwort). Kranker ist in diesem Satz ein Nomen (Namenwort).

Beispiel 2:

IM AUTO SITZT EIN KRANKER MANN.

Der Schüler sagt laut:

Wie ist es? krank – Adjektiv (Wiewort).

Groß oder klein? — Übung 3

In einer Stillarbeit füllen die Schüler die Buchstabenlücken aus. Dabei wenden sie die Regel aus der vorherigen Übung an. Zum Schluss liest jeweils ein Schüler einen Satz vor, wobei er die jeweilige Regel laut sagt.

2. Möglichkeit (oben) — S. 78

Besprechen Sie anhand der drei Beispiele die zweite Möglichkeit, wie sich Adjektive in Nomen verwandeln können.

Beispiel 1: Sie hat wenig Schönes erlebt.

Das Wort „schön" ist ein Adjektiv (Wiewort). Vor dem Wort „schön" steht das Mengenwort „wenig". Gleichzeitig steht hinter dem Wort „Schönes" *kein* Nomen (Namenwort). Also ist das Wort „Schönes" in diesem Satz ein Nomen (Namenwort).

Beispiel 2: Was sie erlebt hat, war nicht schön.

Das Wort „schön" ist ein Adjektiv. Vor dem Wort „schön" steht kein Mengenwort. Also ist das Wort „schön" hier kein Nomen (Namenwort), sondern es bleibt ein Adjektiv (Wiewort).

Beispiel 3: Sie hat wenig schöne Tage erlebt.

Das Wort „schön" ist ein Adjektiv. Vor dem Wort „schön" steht das Mengenwort „wenig". Gleichzeitig folgt auf das Wort „schöne" ein Nomen (Namenwort), nämlich das Wort „Tage". Also ist das Wort „schöne" kein Nomen (Namenwort), sondern es bleibt ein Adjektiv (Wiewort).

Es ist nicht sinnvoll, die Mengenwörter auswendig zu lernen. Es gibt zu viele (z. B. einige, ein paar, etliche, eine Menge, manche), die in Texten aber relativ selten vorkommen.

Übung 4 — Adjektive (Wiewörter) unterstreichen, die sich in Nomen (Namenwörter) verwandelt haben

Jeweils ein Schüler liest einen Satz vor und prüft nach, ob darin ein substantiviertes Adjektiv vorkommt. Dabei wendet er die Regel aus Beispiel 1 an. Bei nicht-substantivierten Adjektiven wendet er die Regel aus Beispiel 2 an, die schon aus dem Grundkurs bekannt ist. Alle Schüler unterstreichen in den entsprechenden Sätzen das substantivierte Adjektiv zusammen mit dem Begleiter.

Beispiel 1: ER HAT <u>ETWAS KALTES</u> GETRUNKEN.

Der Schüler sagt laut:

Wie ist es? kalt – Adjektiv (Wiewort). Vor dem Adjektiv (Wiewort) steht das Mengenwort „etwas". Gleichzeitig steht hinter dem Wort „Kaltes" *kein* Nomen (Namenwort). Also ist „Kaltes" in diesem Satz ein Nomen (Namenwort).

Beispiel 2: ER HAT ETWAS KALTE MILCH GETRUNKEN.

Der Schüler sagt laut:

Wie ist es? kalt – Adjektiv (Wiewort).

Übung A

Tragen Sie mit den Schülern weitere Mengenwörter zusammen (z. B. einige, ein paar, etliche, eine Menge, manche) und formen Sie Beispielsätze daraus. Wiederholen Sie diese Übung in der Folge des Öfteren.

S. 79 — Übung 5 — Groß oder klein?

In einer Stillarbeit füllen die Schüler die Buchstabenlücken aus. Dabei wenden sie die Regel aus der vorherigen Übung an. Zum Schluss liest jeweils ein Schüler einen Satz vor, wobei er die jeweilige Regel laut sagt.

Übung 6 — Adjektive (Wiewörter) unterstreichen, die sich in Nomen (Namenwörter) verwandelt haben

Jeweils ein Schüler liest einen Satz vor und prüft nach, ob darin ein substantiviertes Adjektiv vorkommt. Dabei wendet er die Regeln an, die er gelernt hat. Falls vorhanden unterstreichen alle Schüler das substantivierte Adjektiv zusammen mit dem Begleiter.

S. 80 — Übung 7 — Anfangsbuchstaben-Übung

Erläutern Sie die Anfangsbuchstaben-Übung anhand des Beispiels auf S. 80.

Anschließend führen Sie die Übung mit den folgenden Sätzen durch. Zunächst wenden die Schüler die Regeln leise für sich an und schreiben die Anfangsbuchstaben auf. Danach geht jeweils ein Schüler einen Satz laut durch.

1. Vorige Woche haben wir etwas Wunderbares erlebt. 2. Er schaute mich streng an. 3. Ein Tüchtiger erreicht oft seine Ziele. 4. Der glückliche Gewinner rieb sich die Hände. 5. Er sprach von allerlei Technischem. 6. Bei trübem Wetter bleiben wir zu Hause. 7. Sie war zu stolz, um unsere Hilfe anzunehmen. 8. Auf dem Zettel steht nichts Wichtiges.

Sätze für die Anfangsbuchstaben-Übung

Führen Sie ab jetzt von Stunde zu Stunde die Anfangsbuchstaben-Übung mit zwei oder drei der folgenden Sätze durch.

1. Das Brett war nicht schmal genug. 2. Der Unbekannte starrte mich an. 3. Das Ei ist zu weich. 4. Ich kenne viele Sparsame. 5. Er hat viel Geld verloren. 6. Sie hat nur wenig gesprochen. 7. In unserer Klasse sind einige Stille. 8. In der Wohnung war es staubig. 9. Sie haben allerlei gekocht. 10. Das Seltene ist oft teuer. 11. Sie hat nichts Süßes gegessen. 12. Hans ist ein Neugieriger. 13. Seine Hand stößt auf etwas Scharfes. 14. Sie hat nur wenig Geduld mit uns. 15. Er hat noch nichts Schlechtes erlebt. 16. Der Langsame kam zuletzt ans Ziel. 17. Das Wetter war mild. 18. In der Gruppe war auch ein Mutiger. 19. Uns kam ein schönes Mädchen entgegen. 20. Bald hat er genug geschrieben. 21. Ich kenne keine Reichen. 22. Sie hat alles Böse vergessen. 23. Sie beten zu einem Heiligen. 24. Der Himmel war klar. 25. Sie repariert die kaputte Maschine. 26. Der Kranke versuchte, wieder zu gehen. 27. Sie hob etwas Leichtes auf. 28. Auf dem Fest waren viele Lustige. 29. In der Wohnung gab es nichts Gemütliches. 30. Er

kann uns viel erzählen. 31. Man konnte den Lauten überall hören. 32. Bald ist er wieder gesund. 33. Ich kann nichts Heißes essen. 34. Der Mann sah grau und faltig aus. 35. Auf dem Hof stand ein Fremder. 36. In der Pfanne war etwas Flüssiges. 37. Das Bittere war deutlich zu schmecken. 38. Die arme Frau stand an der Ecke und bettelte. 39. Ich habe von dem, was er gesagt hat, nur wenig verstanden. 40. Der Ärgerliche schimpfte vor sich hin. 41. Wir hoffen, dass uns ein Eifriger seine Hilfe anbietet. 42. Draußen war es schon dunkel. 43. Sie hat keine Ahnung, was geschehen ist. 44. Im Brunnen glänzte etwas Helles. 45. Ich habe Appetit auf etwas Frisches.

4. *das/dass*

S. 81–82 Die Schreibung von „das/dass" wird in der Regel erst in der Sekundarstufe behandelt.

S. 81 **Regel und Beispiele oben**

Erläutern Sie die Regel anhand der vier oben aufgeführten Beispiele.

Übung 1 **Setze *das* oder *dass* ein!**

In einer Stillarbeit füllen die Schüler die Buchstabenlücken aus. Dabei wenden sie die Regeln aus den Beispielen an. Wenn alle Schüler fertig sind, liest jeweils ein Schüler einen Satz vor und wendet die einschlägige Regel laut an.

S. 82 **Anfangsbuchstaben-Übung**

Übung 2 Gehen Sie die Anfangsbuchstaben-Übung anhand des Beispiels durch. Immer wenn „da**ss**" vorkommt, schreiben die Schüler das ganze Wort auf. Wenn „da**s**" vorkommt, schreiben sie – wie bei den anderen Wörtern – nur den Anfangsbuchstaben auf.

Führen Sie die Übung mit den folgenden Sätzen durch. Zunächst wenden die Schüler die Regeln leise für sich an und schreiben die Anfangsbuchstaben auf. Danach geht jeweils ein Schüler einen Satz laut durch.

1. Ich konnte kaum glauben, dass es die Wahrheit war. 2. Wer hat das behauptet? 3. Es war richtig, dass er es versucht hat. 4. Er hob das Glas und trank einen Schluck. 5. Sie lag in einem Bett, das bald zusammenbrach. 6. Sie hat ein Bild gemalt, das uns sehr gefallen hat. 7. Er sah, dass seine Freunde in Not waren. 8. Er hat das bestimmt nur geträumt. 9. Ich kam in ein Dorf, das aus nur fünf Häusern bestand. 10. Mir ist das Geld ausgegangen. 11. Sie machten ein Feuer, das sie wärmen sollte. 12. Er achtete darauf, dass er nicht nass wurde.

Sätze für die Anfangsbuchstaben-Übung

Führen Sie ab jetzt von Stunde zu Stunde die Anfangsbuchstaben-Übung mit zwei oder drei der folgenden Sätze durch.

1. Wir haben das gemeinsam geübt. 2. Er hat ein Gesicht, das man nicht vergisst. 3. Sie dachte, dass es bald besser werden würde. 4. Der Arzt untersuchte Jans Knie, das ihm sehr weh tat. 5. Er antwortete, dass er keine Zeit habe. 6. Sie hat das nicht gebraucht. 7. Er mähte das Gras im Garten. 8. Sie hat beobachtet, dass er sich versteckt hat. 9. Er hat sich bedankt, dass wir ihm geholfen haben. 10. Der Hund verfolgte ein Schaf, das flüchtete. 11. Mir hat es gefallen, dass sie so freundlich waren. 12. Sie schlugen das Lager unter einem Baum auf. 13. Er hat uns das nicht richtig erklärt. 14. Sie saßen auf einem Sofa, das im Wohnzimmer stand. 15. Er hat uns daran erinnert, dass wir ihm etwas versprchen hatten. 16. Sie hat uns das gegeben. 17. Ich fürchte, dass er bald wiederkommt. 18. Er hat das im Wald gefunden. 19. Wem hast du das gegeben? 20. Wir verbrachten das Wochenende in Berlin. 21. Ihm ist das wirklich gut gelungen. 22. Er isst ein Schnitzel, das gerade erst gebraten worden ist. 23. Ich kann das einfach nicht glauben. 24. Der Bauer pflügt ein Feld, das gerade erst abgeerntet worden ist. 25. Er hebt das Blatt auf, das vom Baum gefallen ist. 26. Ich habe gehört, dass sie ein Haus bauen möchten. 27. Er bestellte sich ein Getränk, das ganz heiß war. 28. Uns hat das nicht geholfen. 29. Sie fuhren ans Meer, das ziemlich weit entfernt war. 30. Sie hat das gekauft, weil sie es braucht. 31. Ich glaube, dass er das nicht kann. 32. Er zeichnet mit einem Lineal, das dreißig Zentimeter lang ist. 33. Der Metzger verkaufte Fleisch, das an einem Haken hing. 34. Sie haben gelernt, dass man vorsichtig sein muss. 35. Ich habe das gestern gehört. 36. Er gewann ein Spiel, das sehr lange gedauert hatte. 37. Sie gab zu, dass sie es vergessen hatte. 38. Sie nähte ein Kleid, das für ihre Schwester bestimmt war. 39. Ich habe das nicht weggenommen. 40. Sie hat das sofort erraten. 41. Sie pflückten Obst, das sie in einen Korb legten. 42. Sie hat gesagt, dass es nicht möglich sei. 43. Er sitzt in einem Gefängnis, das am Rande der Stadt gebaut worden ist. 44. Ich habe das alles gesammelt. 45. Er stand auf einem Dach, das ganz schief war.

Name: Rückmeldeblatt

Meine Leistungsverbesserung

richtige Wörter vorher

richtige Wörter nachher

25- 24- 23- 22- 21- 20- 19- 18- 17- 16- 15- 14- 13- 12- 11- 10- 9- 8- 7- 6- 5- 4- 3- 2- 1-

Anhang — 200 weitere Fehlerwörter mit rechtschreibschwierigen Stellen

Alphabetische Wörterliste

A
abends
ähnlich
älter
ändern
anders
ängstlich
ärgern
aß
aufpassen
Augenblick
außerdem

B
Bahn
befehlen
Beispiel
beißen
belohnen
Berg
besser
bestimmt
Bett
bevor
bezahlen
biegt
Bild
billig
bisher
bitte
Blatt
bloß
braucht
brennen
Brief
Brille
Bus
Butter

D
dabei
davon
Decke
dick
drehen
dritte
dünn

E
eigentlich
Eis
entdecken
erklären
Erlebnis
erschrak
erschrocken
erzählen

F
falls
Familie
Fehler
Ferien
fliegt
fließen
fraß
fressen
Freund
Frieden
froh
früh
führen
Fuß

G
gar kein
Geburtstag
Gefahr
gefährlich
gefallen
gelb
Geld
Geschäft
geschrieben
gesessen
gesund
gewinnen
gießen
Glas
Glück
grüßen

H
Hand
hängen
häufig
heißen
Herr
Himmel
hoffen
Hund
hungrig

I
Idee

J
Jacke
jemand

K
kaputt
Katze
Klasse
Kleid
klettern
klug
kräftig